보험수학

INSURANCE MATHEMATICS

김재희 | 윤용식 지음

교우사

머리말

자연현상에서 발생하는 문제를 규명하기 위하여 대응하는 수학적 모델을 만들어 풀어서 이것을 재해석하면 된다. 이러한 의미에서 도구로 이용되는 수학을 응용수학이라 부른다. 특히 우연현상을 포함하는 자연현상을 규명하기 위하여 확률론이 중요한 도구가 된다. 최근에는 보험이나 금융에 관련한 복잡한 문제를 풀기 위하여 보험수학과 금융수학이라는 학문의 분야가 생겼다.

사람이 태어나서 사망할 때까지 걸리는 시간을 수명이라 부르고, 이 수명을 나타내는 확률변수에 관한 이론이나 문제를 총칭하여 생존모델이라 부른다. 생존모델을 기초하여 생명보험금이나 생명연금의 흐름의 현재가치에 대한 기댓값을 계산하고 또 보험료를 산정하는 문제 등을 다루는 학문의 한 분야를 보험수학이라 부르고, 이에 관련한 적절한 자격을 갖춘 전문가를 보험계리사라 부른다.

이 저서의 목적은 미국보험계리사(SOA)의 제 2단계 시험인 SOA Exam FM/2와 제 3단계 시험인 SOA Exam MLC/3의 범위의 일부의 내용을 보다 쉽게 이해시키는 것이다. 물론 이 내용은 한국보험계리사 자격시험의 교과목의 일부에도 해당한다.

이 저서가 포함하는 내용을 간단히 서술하면 다음과 같다. 제 1장에서 이자율 및 현가의 기본개념과 기간확정연금의 흐름의 현가에 관하여 다루었다. 제 2장에서는, 꼭 필요한 용어와 기호를 위하여, 확률공간, 확률변수, 기댓값과 분산,

조건부기댓값, 그리고 중심극한정리를 포함한 확률론의 최소한의 내용을 간추려 열거하였다. 제 3장에서는, 보험모델의 기본용어와 개념을 다루었다. 제 4장에서는 사람의 수명에 관한 이론인 생존모델을 다루었다. 제 5장에서는 각종 생명보험 모델을 소개하고 기본생명보험금의 계리적현가를 구하는 절차와 공식을 제공하였다. 제 6장에서는 각종 생명연금을 소개하고 이들 연금의 흐름의 계리적현가에 관한 공식을 소개하였다. 제 7장에서는 제 5,6장의 이론을 기초하여 보험료를 산정하는 과정을 소개하였다. 제 8장에서는 앞의 각 장에서 제시한 모든 문제를 가능한 한 쉽게 설명한 풀이를 첨부하여 열거하였다.

각 장에서 소개하는 대부분의 예제는 http://www.soa.org/Exam& Jobs에서 기출문제로 소개된 것인데, 보다 쉬운 풀이과정을 주었다. 제 4장부터 소개하는 예제에 딸린 표현 SOA abcd-ef-gh 또는 CAS abcd-ef-gh는 SOA 또는 CAS의 제 3단계 시험과목인 Exam MLC/3의 abcd년도 ef월에 시행한 시험의 gh번 문제라는 뜻이다.

이 저서는 미분적분학과 확률론의 기본적인 이론을 수강한 학부 또는 대학원 학생을 대상으로 한 교과목인 보험수학의 교재로서, 제 2장을 제외한, 모든 내용을 한 학기 동안 강의할 수 있는 분량으로 설계되어 있다. 이 저서의 내용은 미국 보험계리사(SOA)나 한국보험계리사 자격시험의 교과목에 포함되기 때문에 이들 시험을 준비하는 독자들에게도 관심이 많을 것으로 기대한다.

이 저서는 지난 10여년간 부산대학교에서 보험수학의 교재로 이용한 강의원고를 정리하여 저술한 것이다. 두 저자는 보험산업에 관여한 적이 없는 수학전

공의 교수들이다. 그래서 보험에 관련한 용어선택의 부적절함과 서술의 어색함이 있더라도 이해해 주기를 바란다. 원고를 읽고 교정해 준 부산대학교 수리금융연구실과 제주대학교 확률론교실의 학생들과 저서의 출판을 위해 협조해 준 교우출판사에게 감사를 드린다. 이 교재를 읽고 오타와 표현의 잘못이나 애매함을 발견해서 지적해 줄 독자에게도 미리 감사를 드린다.

2015년 11월

저자 김재희/윤용식

목 차

제 1 장

이자율과 연금

제 1.1 절 이자율

연 이자율 i를 연 1회 단순적용하여 **원금**(principal) P를 빌린다면, 1년 후에 갚아야 할 **원리금**(accumulated value)은

$$(1+i)P = P + iP$$

가 된다. 갚아야 할 금액이 원금(原金) P와 이자(利資) iP의 합이므로 원리금(原利金)이라 부른다. 물론 T년 후의 원리금은 $P(1+iT)$가 될 것이다. 이자율을 **금리**라 부르기도 한다. 이 경우 i를 연간 **단순금리**(simple rate)라 부른다. 예를 들어, 원금 100,000원을 연 이자율 5%를 단리적용하여 빌린다면, 1년 후에 원리금 105,000원을 갚아야 한다.

[예제] 1.1.1. 원금 P를 연 이자율 $i^{(2)}$을 **연 2회 복리적용**(compounded semiannually)의 조건으로 빌리면, 1년 후에는 (일시불로) 얼마를 갚아야 하는가?

(풀이). 연 이자율이 $i^{(2)}$이므로, 6개월간 이자율은 $i^{(2)}/2$이고 따라서 처음 6개

월 후에 갚아야 할 금액은

$$\left(1+\frac{i^{(2)}}{2}\right)P$$

이다. 이 금액을 다음 6개월 후에 갚아야 할 금액의 새로운 원금으로 간주하고 이자율 $i^{(2)}/2$을 적용하면, 1년 후에 갚아야 할 금액은

$$\left(1+\frac{i^{(2)}}{2}\right)\left[\left(1+\frac{i^{(2)}}{2}\right)P\right]=\left(1+\frac{i^{(2)}}{2}\right)^2 P$$

가 된다. □

[예제] 1.1.2. 원금 100,000원을 연 이자율 8%를 **연 4회 복리적용**(compounded quarterly)의 조건으로 대출받으면, 1년 후에 (일시불로) 상환해야 하는 금액은 얼마인가?

(풀이). 연 이자율이 8%이므로, 3개월간 이자율은 2%이고 따라서 처음 3개월 후에 갚아야 할 금액은

$$100,000(1+0.02)$$

이다. 이 금액을 다음 3개월 후에 상환해야 할 금액의 새로운 원금으로 간주하고 이자율 2%를 적용하면, 6개월 후에 갚아야 할 금액은

$$[100,000(1+0.02)](1+0.02)=100,000(1+0.02)^2$$

이다. 같은 방법으로, 9개월 후의 상환금액은

$$[100,000(1+0.02)^2](1+0.02)=100,000(1+0.02)^3$$

이고 1년 후의 상환금액은

$$[100,000(1+0.02)^3](1+0.02)=100,000(1+0.02)^4=108,240\text{원}$$

이 된다. □

[예제] 1.1.3. 어떤 신용카드의 현금대출조건은 연 이자율 18%를 **매월 복리적용**(com- pounded monthly)하는 것이다. 이 신용카드를 이용하여 100,000원을 현금대출받으면, 1년 후의 (일시불) 상환금액은 얼마인가?

(풀이). 연 이자율이 18%이므로, 1개월간 이자율은 18/12=1.5%이고 따라서 처음 1개월 후에 갚아야 할 금액은

$$100,000(1+0.015)$$

이다. 연 12회 복리적용하므로 위의 예제 1.1.2와 같은 계산에 의하여, 1년 후에 상환해야 할 금액은

$$100,000(1+0.015)^{12} = 100,000 \times 1.1956 = 119,560\text{원}$$

이 된다. □

위의 예제 1.1.2에서 연 이자율 8%를 단리적용할 때, 1년 후에 상환해야 하는 금액은

$$100,000(1+0.08) = 108,000\text{원}$$

이다. 이 금액은 연 4회 복리적용할 때의 상환금액 108,240원 보다 적다. 여기서 8,000원을 **명목이자**(nominal interest)라 하고 8,240원을 **실효이자**(effective interest)라 부른다. 일반적으로, 주기 $[0,T]$ 동안 이자율 $i^{(m)}_{[0,T]}$을 $[0,T]$ 동안 m회 복리적용할 때의 실효이자는 단리적용할 때의 명목이자보다 크다. 이 경우 $i^{(m)}_{[0,T]}$을 **명목이자율**(nominal interest rate)이라 부른다. 그리고

$$i_{[0,T]} = \frac{[0,T]\text{ 동안 상환금액} - \text{원금}}{\text{원금}}$$

을 $[0,T]$ 동안 **실효이자율**(effective interest rate)이라 부른다. 보통 1주기가 1개월일 때 월 실효이자율을 i_M으로 표시하고, 1주기가 1년일 때 연 실효이자율을 줄여서 실효이자율이라 부르고 i로 표시한다.

[**예제**] **1.1.4.** 원금 P를 명목 연 이자율 $i^{(4)}$을 연 4회 복리적용하여 대출받을 때, 실효이자율 i를 계산하여라.

(풀이). 예제 1.1.2와 같은 계산에 의하여, 1년 후에 상환해야 할 금액은

$$\left(1+\frac{i^{(4)}}{4}\right)^4 P$$

이다. 따라서 실효이자율은, 정의에 의하여,

$$i=\frac{\left(1+\frac{i^{(4)}}{4}\right)^4 P-P}{P}=\left(1+\frac{i^{(4)}}{4}\right)^4-1$$

이 된다. □

예제 1.1.2에서 명목이자율은 8%이고 실효이자율은 8.24%이다. 그리고 예제 1.1.3에서 명목이자율은 18%이고 실효이자율은 19.56%임을 알 수 있다.

참고 1.1.5. (1) 위의 예제 1.1.4에서, 명목 연 이자율 $i^{(4)}$를 연 4회 복리적용의 조건으로 대출받을 때, 1년 후의 상환금액은

$$\left(1+\frac{i^{(4)}}{4}\right)^4 P=(1+i)P$$

인데, 이것은 실효이자율 i를 단리적용할 때의 상환금액과 일치한다. 그리고 $i^{(1)}$을 매년 복리적용한다는 말은 실효이자율 i를 단리적용한다는 의미이다. 즉 $i^{(1)}=i$이다.

(2) 위의 예제 1.1.4에서 3개월 동안의 실효이자율은 얼마일까? 3개월 후 상환해야할 금액이 $(1+i^{(4)}/4)P$이므로, 실효이자율의 정의에 의하여,

$$i=\frac{\left(1+\frac{i^{(4)}}{4}\right)P-P}{P}=\left(1+\frac{i^{(4)}}{4}\right)-1=\frac{i^{(4)}}{4}$$

이다.

(3) 명목 연 이자율의 기호 $i^{(m)}$은 사실 m에 무관한 0과 1 사이의 어떤 수에 불과하다는 사실에 유의하여라. 이해의 명확성을 위하여 첨자 m을 사용하였을 뿐이다.

이제 원금 P를 어떤 명목 연 이자율 r을 **연속적 복리적용**(compounded continuously)할 때, 1년 후의 상환금액을 구하여 보자. 1년을 m 주기로 나누어 명목 연 이자율 r을 1년간 m회 복리적용할 때의 상환금액은

$$(1+i)P = \left(1+\frac{r}{m}\right)^m P \tag{1.1.1}$$

가 된다. m을 점점 크게 할 때 연속적 복리적용을 한다고 표현해도 타당할 것이다. 그러면 식 (1.1.1)의 우변에서, $m \to \infty$일 때 극한을 취하면,

$$(1+i)P = \lim_{m\to\infty}\left(1+\frac{r}{m}\right)^m P = e^r P \tag{1.1.2}$$

이다. 이것은 원금 P에 대한 1년 후의 상환금액을 명목 연 이자율 r을 연속적 복리적용하는 경우에 표현한 것이다. 이 경우 r을 연간 **연속복리금리**(compounded continuously rate)라 부르기도 한다.

[예제] 1.1.6. 어떤 은행의 대출조건은 명목 연 이자율 $r = 0.05$를 연속적 복리적용하는 것이다. 이 은행의 대출조건에 의한 실효이자율 i를 계산하여라.

(풀이). 대출원금을 P라 할 때, 1년 후에 상환해야 할 금액은 $e^{0.05}P$이므로

$$i = \frac{e^{0.05}P - P}{P} = e^{0.05} - 1 \approx 0.05127$$

즉, 실효이자율은 5.127%이다. □

참고 1.1.7. 원금 P를 명목 연 이자율 r을 연속적 복리적용하여 t년간 대출받을 때, t년 후의 상환금액은 $e^{rt}P$이다. 실제로, 이것은 t년 동안 명목이자율 rt를 연속적 복리적용하는 것과 같다. 따라서 t년 후의 상환금액은

$$e^{rt}P$$

가 된다.

[예제] **1.1.8. 곱절 법칙(doubling rule).** 명목 연 이자율 $i^{(1)} = i$를 매년 복리적용하는 은행계좌에 예금되어 있는 현재의 금액은 몇 년 후에 2배가 되는가?

(풀이). 현재의 예금액을 D라 할 때, n년 후의 금액은 $D(1+i)^n$이 된다. 이때

$$(1+i)^n = 2$$

가 되는 n을 구하면 된다.

$$2 = (1+i)^n = (1+\frac{ni}{n})^n \approx e^{ni}$$

이므로

$$n \approx \frac{\ln 2}{i} = \frac{0.693}{i}$$

이다. 즉, 근사적으로 $0.7/i$년 후에 현재 예금액의 곱절이 된다. □

제 1.2 절 현가

어떤 사람이 은행에서 명목 월 이자율 $i_M^{(1)} = i_M$을 매월 복리적용의 조건으로 현금대출을 받고 매월 말에 금액 A를 상환한다고 하자. m번째 월말에 갚아야 하는 상환금 A의 **현가**(present value)는 얼마가 될까? 만약 현재 원금 $A(1+i)^{-m}$을 대출받으면 m개월 후에 상환해야 하는 금액은

$$\left[A(1+i_M)^{-m}\right](1+i_M)^m = A$$

가 된다. 따라서 m번째 월말에 갚아야 하는 상환금 A의 현가는

$$A(1+i_M)^{-m}$$

이 된다. 여기서 $v_M = (1+i_M)^{-1}$을 1개월분 **할인인자**(discount factor)라 하고, $v_M^m = (1+i_M)^{-m}$을 m개월분 할인인자(m-year discount factor)라 부른다. 실효 월 할인률 d_M을

$$d_M = \frac{\text{상환금} - \text{원금}}{\text{상환금}} = \frac{(1+i_M)P - P}{(1+i_M)P} = \frac{i_M}{1+i_M}$$

에 의해 정의한다. 같은 방법으로, 1년간 실효이자율 i에 대하여, $v^{-m} = (1+i)^{-m}$을 m년분 할인인자라 부른다. 이때 실효 연 할인률 d는

$$d = \frac{i}{1+i}$$

에 의해 정의된다. 분명히, 연 할인인자 v와는 다음의 관계를 가진다.

$$v = \frac{1}{1+i} = 1 - \frac{i}{1+i} = 1 - d$$

만약 1주기 동안 명목이자율 r을 연속적 복리적용할 때, 1주기분 할인인자는 e^{-r}이 되고 m주기분의 할인인자는 e^{-rm}이 된다.

이제 몇 개의 예를 들겠다.

현가의 개념은 다음 예와 같이 서로 다른 수입 조건의 유·불리를 비교하는데 이용되기도 한다.

참고 1.2.1. (1) 식 (1.1.2)에 의하여,

$$e^r = 1 + i = \left(1 + \frac{i^{(m)}}{m}\right)^m$$

이고 따라서 Maclaurin 전개공식에 의하여,

$$\begin{aligned}
i^{(m)} &= m\left(e^{r/m}-1\right) \\
&= m\left(1+\frac{r}{m}+\frac{1}{2!}\left(\frac{r}{m}\right)^2+\frac{1}{3!}\left(\frac{r}{m}\right)^3+\cdots-1\right) \\
&= r+\frac{r^2}{2!m}+\frac{r^3}{3!m^2}+\cdots
\end{aligned}$$

그러므로 다음 식이 성립한다.

$$\lim_{m\to\infty} i^{(m)} = r$$

(2) 실효 연 할인률을 d라 하자. 명목 연 할인률 $d^{(m)}$을 연 m회 적용할 때, 1년 후의 금액 1의 현가는 $1-d=\left(1-d^{(m)}/m\right)^m$이다. 따라서 역시 Maclaurin 전개공식을 적용하면,

$$\begin{aligned}
d^{(m)} &= m\left(1-(1-d)^{1/m}\right) = m\left(1-v^{1/m}\right) = m\left(1-e^{-r/m}\right) \\
&= m\left(1-1+\frac{r}{m}-\frac{1}{2!}\left(\frac{r}{m}\right)^2+\frac{1}{3!}\left(\frac{r}{m}\right)^3-\cdots\right) \\
&= r-\frac{r^2}{2!m}+\frac{r^3}{3!m^2}-\cdots
\end{aligned}$$

그러므로 다음 식이 성립한다.

$$\lim_{m\to\infty} d^{(m)} = r$$

[예제] 1.2.2. 어느 회사가 세 명의 종업원 A, B, C에게 향후 5년간 매년 말에 다음과 같이 나열한 금액(이것을 **현금의 흐름**(cash flow)이라 함)대로 상여금(단위: 만 원)을 지급한다고 한다.

$$\begin{array}{llllll}
(A) & 1,200, & 1,400, & 1,600, & 1,800, & 2,000 \\
(B) & 1,600, & 1,600, & 1,500, & 1,500, & 1,500 \\
(C) & 2,000, & 1,600, & 1,400, & 1,200, & 1,000
\end{array}$$

이때 세 명 중 누가 가장 유리한가?

(풀이). 만약 명목 연 이자율 i를 매년 복리적용한다면, 현금의 흐름 $x_m, m = 1, 2, \cdots, 5$의 현가는

$$\sum_{m=1}^{5}(1+i)^{-m}x_m$$

인데, 이 값이 최대가 되는 현금의 흐름이 가장 유리하다. 이자율 i가 낮으면 초기의 상여금이 적은 쪽이 유리할 것이다.

그래서 i가 낮으면 종업원 A가 가장 유리하다. i가 어느 정도 높으면, 총 상여금의 합계가 종업원 B는 7,700만 원으로 종업원 A의 8,000만 원 보다 작지만 B가 더 유리하다. i가 충분히 크면, 종업원 C가 가장 유리하다. 다음의 표 1.2.1은 $i = 0.1, 0.2, 0.3$인 경우의 A, B, C의 현금의 흐름의 현가를 나타낸 것이다. □

i	A	B	C
0.1	5,921	5,860	5,633
0.2	4,570	4,639	4,569
0.3	3,649	3,789	3,812

표 1.2.1: 현금의 흐름의 현가

[예제] 1.2.3. 어떤 회사가 지금 현재(연초)부터 향후 5년간 어떤 특수한 장비를 가동하여야 한다. 현재 중고 장비 1대를 보유하고 있는데 6백만 원의 가치가 있다. 이 장비는 매년 2백만 원씩 감가상각하여 3년 후에는 사용 불가능하다. 이 중고 장비를 1년간 가동하는데 필요한 경비는 9백만 원인데, 매년 2백만 원씩 더 증가한다.

신 장비 구입가격은 22백만 원이고 수명은 6년이다. 신 장비의 1년간 감가상각비는 처음 2년간은 매년 3백만 원이고 3년째부터는 4백만 원이다. 신 장비의 가동경비는 첫 해는 6백만 원이고, 이후 매년 1백만원씩 증가한다. 현재의 금리가 연 10%일 때, 이 회사는 어느 해에 장비를 구입하는 것이 가장 유리한가? 단, 신 장비는 연초에 구입하며 중고장비는 매각하여 신 장비 구입자금의 일부로 사용한다.

(풀이). 중고 장비의 수명이 3년이므로 넷째 해의 초 이전에 신 장비를 구입하여야 한다. 지금 신 장비를 구입하는 경우의 여섯번째 해의 초까지의 이 회사의 현금(비용)의 흐름을 구해보자. 첫 해에 필요한 비용은 신 장비 구입비 22백만 원, 1년간 신 장비 가동경비 6백만 원, 중고 장비 매각 수익금 6백만 원이므로, 총 비용은 $22 + 6 - 6 = 22$백만 원이다. 둘째 해에 필요한 비용은 신 장비 가동경비 7백만 원, 셋째 해의 비용은 신 장비 가동경비 8백만 원, 넷째 해의 비용은 9백만 원, 다섯째 해의 비용은 10백만 원이다. 그리고 여섯째 해의 초에, 5년간 사용한 신 장비를 $22 - 3 - 3 - 4 - 4 - 4 = 4$백만 원에 매각한 수익금이 발생하여, -4백만 원의 비용이 발생한다. 따라서 첫 해에 신 장비를 구입하는 경우의 비용의 흐름(단위:백만 원)은

$$22, \quad 7, \quad 8, \quad 9, \quad 10, \quad -4$$

이다.

1년 후에 신 장비를 구입하는 경우의 비용의 흐름을 구하자. 첫 해에는 중고 장비의 가동경비 9백만 원이 필요하다. 둘째 해에는 신 장비 구입비 22백만 원, 신 장비 가동경비 6백만 원, 중고 장비 매각 수익금 4백만 원이므로, 총 비용은 $22 + 6 - 4 = 24$백만 원이다. 셋째, 넷째, 다섯째 해에는 신 장비 가동경비가 각각 7백만, 8백만, 9백만 원이 필요하다. 그리고 마지막 여섯째 해의 초에, 4년간 사용한 신 장비를 $22 - 3 - 3 - 4 - 4 = 8$백만 원에 매각한 수익금이 발생하여, -8백만 원의 비용이 발생한다. 따라서 첫 해에 신 장비를 구입하는 경우의 비용의 흐름(단위:백만 원)은

$$9, \quad 24, \quad 7, \quad 8, \quad 9, \quad -8$$

이다.

같은 방법으로, 2년 후 신 장비를 구입하는 경우의 비용의 흐름은

$$9, \quad 11, \quad 26, \quad 7, \quad 8, \quad -12$$

이고, 3년 후의 경우는

$$9, \quad 11, \quad 13, \quad 28, \quad 7, \quad -16$$

이다. 지금 신 장비를 구입하는 경우의 비용의 흐름의 현가는, 연 이자율이 10%이므로,

$$22 + \frac{7}{1+0.1} + \frac{8}{(1+0.1)^2} + \frac{9}{(1+0.1)^3} + \frac{10}{(1+0.1)^4} - \frac{4}{(1+0.1)^5} = 46.083\text{백만 원}$$

이다. 같은 방법으로, 1년, 2년, 3년 후에 신 장비를 구입하는 경우의 현가도 계산하여 나열하면 다음과 같다.

46.083백만 원, 43.794백만 원, **43.760**백만 원, 45.627백만 원

비용의 흐름의 현가가 가장 적은 해에 구입하는 것이 가장 유리하므로, 2년 후에 신 장비를 구입하는 것이 가장 유리하다. □

문제 1.2.4. 20년 후에 퇴직하는 어떤 사람이 퇴직 후 30년간 매월 초에 1백만 원의 연금을 받기 위하여 퇴직시까지 매월 연금보험료 A를 납입하기로 계약하였다. 명목 연 이자율 6%를 매월 복리적용할 때, A는 얼마인가?

[예제] 1.2.5. 어떤 은행에서 주택구입자금 1억 원을 대출받는 조건은 월 이자율 0.6%를 매월 복리적용하여 매월 일정금액을 15년간 불입하고 대출시에 은행수수료 등의 비용 2백만 원을 대출금에서 공제하는 것이다. 이 경우 (연) 실효이자율은 얼마인가?

(풀이). 매월 불입금을 A라 하자. 1억 원을 180개월 동안 $i_M = i_M^{(1)} = 0.6\%$로 매월 복리적용하여 상환하므로,

$$A(v_M + v_M^2 + \cdots + v_M^{180}) = 100,000,000$$

이다. 여기서 $v_M = 1/(1+0.006)$이다. 그러므로

$$A = \frac{100,000,000(1 - v_M)}{v_M(1 - v_M^{180})} = 910,050$$

이다. 그래서 1억 원을 대출받아서 매월 910,050원씩 180개월간 상환할 때, 월 명목이자율은 0.6%가 된다. 그러나 대출시 은행수수료 등의 비용 2백만 원을 공제하므로 실제 대출금액은 98백만 원이다. 따라서 이 경우에도 월 명목이자율을 역시 i_M이라 할 때,

$$A(v_M + v_M^2 + \cdots + v_M^{180}) = 98,000,000$$

이다. 단, $v_M = (1+i_M)^{-1}$이다. $A = 910,050$이므로,

$$v_M + v_M^2 + \cdots + v_M^{180} = \frac{98,000,000}{910,050} = 107,690 \qquad (1.2.1)$$

이다. 즉,

$$\frac{v_M(1-v_M^{180})}{1-v_M} = 107,690$$

이다. $(1-v_M)/v_M = i_M$이므로, 다음 식

$$\frac{1-\left(\frac{1}{1+i_M}\right)^{180}}{i_M} = 107,690$$

을 얻는다. 이 식을 풀기 위하여 $i_M > 0.006$이라는 사실을 이용하여 시행착오법을 적용하면, $i_M = 0.00627$이다. $i^{(12)} = 12i_M^{(1)} = 12i_M$이므로, 식 (1.1.1)에 의하여,

$$i+1 = \left(1+\frac{i^{(12)}}{12}\right)^{12} = (1+i_M)^{12} = (1+0.00627)^{12} = 1.0779$$

이다. 따라서 $i = 1.0779 - 1 = 0.0779$이므로 연 실효이자율은 약 7.8%이다. □

참고 1.2.6. 위 예제의 풀이과정에 있는 식 (1.2.1)의 좌변을 $a_{\overline{180|}\,i_M}$으로 표시하고 180개월간 월말지급 1단위 연금(1원)의 현가를 나타내고 있다. 일반적으로, $a_{\overline{n|}\,i} = w$에서 n, i, w 중 어느 두 개를 알면 나머지 하나는 전자계산기(SOA Exam FM/2 전용)를 사용하여 바로 구할 수 있다. 이와 관련한 자세한 내용은 제 1.5절에서 다룬다.

[예제] 1.2.7. 어떤 사람이 n개월 동안 매월 말에 금액 A를 상환하기로 하고 금액 L을 융자받았다. 융자의 조건은 월 이자율 i_M을 매월 복리적용하는 것이다. 이때 다음 문제를 답하여라.

(1) A를 L 및 n, i_M에 의하여 표현하여라.

(2) k번째의 상환금 불입 후 남은 융자원금은 얼마인가?

(3) k번째 월말에 불입해야 하는 원금과 이자는 각각 얼마인가?(이 문제는 융자금을 중도 일시불 상환하는 경우와 납부한 이자에 대한 세금공제를 신청하는 경우에 중요하다.)

(풀이). (1) n개월 동안 상환금의 흐름의 현가는 융자금 L과 같아야 하므로,

$$L = \frac{A}{1+i_M} + \frac{A}{(1+i_M)^2} + \cdots + \frac{A}{(1+i_M)^n} = \frac{A}{1+i_M}\frac{1-\left(\frac{1}{1+i_M}\right)^n}{1-\frac{1}{1+i_M}}$$
$$= \frac{A}{i_M}[1-(1+i_M)^{-n}]$$

이고, 따라서

$$A = \frac{Li_M}{1-(1+i_M)^{-n}} = \frac{L(\alpha-1)\alpha^n}{\alpha^n - 1} \tag{1.2.2}$$

이다. 여기서 $\alpha = 1 + i_M$이다.

(2) $k = 0, 1, 2, \cdots, n$에 대하여, R_k를 k번째 상환금 납부 후 잔여 융자원금이라 하자. $k+1$번째 월말에 상환금 납부 직전의 잔여 융자원금은, 1개월분의 이자 $i_M R_k$가 추가되므로, $(1+i_M)R_k$가 된다. 따라서

$$R_{k+1} = (1+i_M)R_k - A = \alpha R_k - A$$

이다. 이것을 이용하여 각 $k = 0, 1, 2, \cdots, n$에 대하여 R_k를 구하면 다음과 같다. 분명히 $R_0 = L$이다. 그러므로,

$$R_1 = \alpha L - A,$$

$$\begin{aligned} R_2 &= \alpha R_1 - A \\ &= \alpha(\alpha L - A) - A \\ &= \alpha^2 L - (1+\alpha)A, \\ R_3 &= \alpha R_2 - A \\ &= \alpha(\alpha^2 L - (1+\alpha)A) - A \\ &= \alpha^3 L - (1+\alpha+\alpha^2)A \end{aligned}$$

일반적으로, 식 (1.2.2)에 의하여

$$\begin{aligned} R_k &= \alpha^k L - A(1+\alpha+\alpha^2+\cdots+\alpha^{k-1}) \\ &= \alpha^k L - A\frac{\alpha^k - 1}{\alpha - 1} \\ &= \alpha^k L - \frac{L\alpha^n(\alpha^k - 1)}{\alpha^n - 1} \\ &= \frac{L(\alpha^n - \alpha^k)}{\alpha^n - 1} \end{aligned}$$

이다.

(3) $k = 1, 2, \cdots, n$에 대하여, I_k와 P_k를 각각 k번째 월말에 불입해야 하는 이자와 원금이라 하자. 분명히 $A = I_k + P_k$이다. I_k는 $k-1$번째 월말까지 불입한 후 잔여 융자원금 R_{k-1}에 대한 1개월분 이자이므로,

$$\begin{aligned} I_k &= i_M R_{k-1} \\ &= \frac{L(\alpha - 1)(\alpha^n - \alpha^{k-1})}{\alpha^n - 1} \end{aligned}$$

이다. 그리고

$$\begin{aligned} P_k &= A - I_k \\ &= \frac{L(\alpha-1)}{\alpha^n - 1}\left[\alpha^n - (\alpha^n - \alpha^{k-1})\right] \\ &= \frac{L(\alpha-1)\alpha^{k-1}}{\alpha^n - 1} \end{aligned}$$

이다. 분명히

$$\sum_{k=1}^{n} \alpha^{k-1} = \frac{\alpha^n - 1}{\alpha - 1}$$

이므로

$$\sum_{k=1}^{n} P_k = L$$

이 성립함을 확인할 수 있다. □

[예제] 1.2.8. 2000년 1월 1일에 명목 연 이자율 24%를 연 12회 복리적용하는 조건으로 1,000,000원을 은행에 입금하였다. 2003년 4월 말에 은행잔고가 0이 되도록 매월 말에 일정한 금액 A를 인출할려고 한다. A를 구하여라.

(풀이). 인출주기는 1개월이고 인출횟수는 $n = 40$이다. 명목 연 이자율이 $i^{(12)} = 0.24$이므로 주기 당 실효이자율은 $i = i^M = i^{(12)}/12 = (0.24)/(12) = 0.02$이다. 그리고 1,000,000원은 40개월간 인출금의 흐름의 현가 $Aa_{\overline{n}|i}$로 해석할 수 있으므로, $Aa_{\overline{40}|0.02} = 1,000,000$이다. 따라서

$$A = \frac{1,000,000}{a_{\overline{40}|0.02}} = \frac{1,000,000}{27.3555} = 36,560\text{원}$$

이다. 여기서 $a_{\overline{40}|0.02}$는, 위의 참고 1.2.6에서 설명한 바와 같이, 40개월 간 매월 말에 1원씩 지불하는 연금의 현가를 나타낸다. □

제 1.3 절 수익률

기간 $[0, T]$ 동안의 어떤 투자를 생각하자. 초기 투자금액 $a(a > 0)$가 시점 T에서 금액 b가 되었다고 하자. 이때 $b - a$를 **수익**(return)이라 하고,

$$r = \frac{\text{수익}}{\text{초기 투자금액}} = \frac{b-a}{a} \tag{1.3.1}$$

을 $[0, T]$ 동안의 **수익률**(rate of return)이라 부른다. 초기 투자금액 100,000원이 1년 후에 150,000원으로 증가하면, 연 수익은 50,000원이고 연 수익률은 0.5이다.

참고 1.3.1. 초기 투자금액이 a이고 수익이 $b - a$일 때, 수익률을 나타내는 식 (1.3.1)은

$$r = \frac{b}{a} - 1$$

로 고쳐쓸 수 있으므로,

$$\frac{b}{1+r} = a \tag{1.3.2}$$

가 성립한다. 식 (1.3.2)는 수익률 r에 의한 (투자 만기 시점에서의) 자산 b의 (투자 초기 시점에서의) 현가가 초기 투자금액 a와 같다는 것을 말하고 있다.

[예제] 1.3.2. 어떤 사람이 투자회사에 100,000원을 2년간 투자하여 매년 60,000원씩 돌려 받았다. 연 투자수익률을 구하여라.

(풀이). 정의에 의하여, 구하는 수익률 r^*는

$$100,000 = \frac{60,000}{1+r} + \frac{60,000}{(1+r)^2}$$

의 해이다. $x = (1 + r)^{-1}$이라 두면, 위의 식은

$$6x^2 + 6x - 10 = 0$$

이 되고

$$x = \frac{-6 \pm \sqrt{6^2 + 4(6)(10)}}{12} = \frac{-6 \pm \sqrt{276}}{12}$$

을 얻는다. $r > -1$이므로 $x > 0$이다. 따라서

$$x = \frac{\sqrt{276} - 6}{12} \approx 0.8844$$

그러므로

$$1 + r^* \approx \frac{1}{0.8844} = 1.131$$

이고 $r^* = 0.131$을 얻는다. □

제 1.4 절　연속적으로 변하는 이자율

이자가 연속적으로 복리적용되고 이자율이 시간에 따라 변한다고 생각하자. 현재의 시점을 0이라 하고, $i(s)$를 시점 s에서의 이자율이라 하자. 만약 시점 s에서 금액 x를 은행에 예금하면, 충분히 작은 $h > 0$에 대하여 시점 $s + h$에서는 이자가 붙어서 금액이 거의 $x(1 + i(s)h)$가 될 것이다. 이때 $i(s)$를 시점 s에서의 **순간이자율**(instantaneous interest rate) 또는 **이자력**(force of interest)이라 부른다. 시점 0에서의 1단위 금액(예를 들어, 1원 또는 1백만 원)을 예금계좌에 예금할 때, 시점 t에서의 예금계좌에 있는 금액을 $D(t)$라 두자.

$D(t)$를 이자율 $i(s), 0 \leq s \leq t$에 의하여 표현한 식을 구하여 보자. 충분히 작은 $h > 0$에 대하여,

$$D(s + h) \approx D(s)(1 + i(s)h)$$

라 할 수 있다.

$$D(s+h) - D(s) \approx D(s)i(s)h$$

또는

$$\frac{D(s+h) - D(s)}{h} \approx D(s)i(s)$$

를 얻는다. $h \to 0$인 극한을 취하면

$$D'(s) = D(s)i(s)$$

가 되고

$$\int_0^t \frac{D'(s)}{D(s)} ds = \int_0^t i(s) ds$$

를 얻는다. 따라서

$$\ln D(t) - \ln D(0) = \int_0^t i(s) ds$$

이고, $D(0) = 1$이므로

$$D(t) = \exp\left\{\int_0^t i(s) ds\right\} \tag{1.4.1}$$

가 된다. $(D(t))_{t \geq 0}$를 **예금계좌과정**(money account process)이라 부른다.

이제 시점 t에서 받는 1단위 금액의 현가를 $P(t)$라 하자($P(t)$는 시점 t에서의 1단위 금액이 되는 예금의 현가가 된다. $i(s) = i, 0 \leq s \leq t$일 때, $P(t) = e^{-it}$이 된다). 시점 0에서의 예금 $1/D(t)$은 시점 t에서 금액 1이 되므로, 식 (1.4.1)에 의하여

$$P(t) = \frac{1}{D(t)} = \exp\left\{-\int_0^t i(s) ds\right\}$$

가 됨을 알 수 있다. $R(t)$를 시점 t까지의 순간이자율의 평균이라 하자. 즉,

$$R(t) = \frac{1}{t}\int_0^t i(s)ds$$

이때 함수 $R(t)$를 **수익률곡선**(yield curve)이라 부른다. 분명히

$$R(t) = \frac{\ln D(t)}{t}$$

가 성립한다. $R(t)$를 시점 t에서의 **순간단기금리**(instantaneous short rate)라 부르기도 한다.

[예제] 1.4.1. 수익률이 다음과 같이

$$i(s) = \frac{1}{1+s}c_1 + \frac{s}{1+s}c_2 \quad (c_1, c_2\text{는 상수})$$

에 의해 주어질 때, 수익률곡선 $\bar{i}(t)$와 현가함수 $P(t)$를 구하여라.

(풀이). 주어진 $i(s)$를 다시 쓰면

$$i(s) = c_2 + \frac{c_1 - c_2}{1+s}$$

이므로, 수익률곡선은

$$\begin{aligned} R(t) &= \frac{1}{t}\int_0^t \left(c_2 + \frac{c_1 - c_2}{1+s}\right) ds \\ &= c_2 + \frac{c_1 - c_2}{t}\ln(1+t) \end{aligned}$$

가 되고, 현가함수는

$$\begin{aligned} P(t) &= \exp\{-t\bar{i}(t)\} \\ &= \exp\left\{-c_2 t + \ln(1+t)^{-(c_1-c_2)}\right\} \\ &= \exp\{-c_2 t\}\exp\left\{\ln(1+t)^{-(c_1-c_2)}\right\} \\ &= (1+t)^{c_2-c_1}\exp\{-c_2 t\} \end{aligned}$$

가 된다. □

제 1.5 절 기간확정연금

연금(annuity)이란 특정한 주기 마다 연속적으로 지불/수령하는 금액이다. 이것은 지불/수령기간의 확정 혹은 불확정에 따라 다음과 같이 구분된다.

$$\text{연금} = \begin{cases} \textbf{기간확정연금}\text{(annuity certain)} \\ \textbf{기간불확정연금}\text{(contingent annuity)} \end{cases}$$

예를 들어, 고객이 사망 시까지만 지불하는 **생명연금**(life annuity)은 기간불확정연금이다.

연금지불이 이루어지는 주기(예를 들어, 월, 분기, 년)를 **지불주기**(payment period)라 부른다. 연금의 지불 시점이 각 주기의 말이냐 혹은 시초냐에 따라서 다음과 같이 구분된다.

$$\text{연금} = \begin{cases} \textbf{기말 지불 연금}\text{(annuity-immediate)} \\ \textbf{기초 지불 연금}\text{(annuity-due)} \end{cases}$$

이 절에서는 지급주기와 이자 및 지급금액이 일정하다는 가정하에 기간확정연금에 관련한 금액의 계산법에 관하여 다룬다.

정의 1.5.1. 간단히 하기 위하여 지급주기를 1년으로 하자.

n년 동안 각 연도 말에 금액 1씩 지급되는 기말 지불 연금을 생각하자. 이 **연금의 (흐름의) 1차년도 초에서의 현가**(present value)를 $a_{\overline{n|}}$으로 표기하고, **연금의 (흐름의) n차년도 말에서의 원리금**(accumulated value)을 $s_{\overline{n|}}$으로 표기한다. 즉, 각 주기 동안 실효이자율을 i라 하고 할인인자를 $v = (1+i)^{-1}$이라 할 때 $a_{\overline{n|}}$과 $s_{\overline{n|}}$은 각각 다음과 같이 정의된다.

$$a_{\overline{n|}} = v + v^2 + \cdots + v^{n-1} + v^n$$
$$s_{\overline{n|}} = 1 + (1+i) + \cdots + (1+i)^{n-2} + (1+i)^{n-1}$$

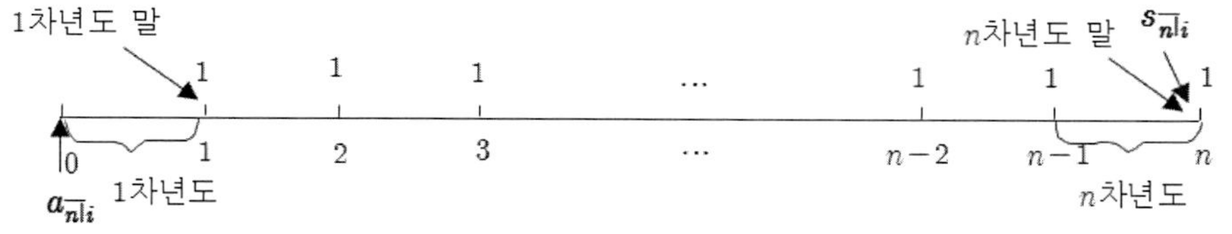

그림 1.5.1: 기말 지불 기본연금의 현가와 원리금

참고 1.5.2. 특히, 각 주기 동안 실효이자율 i를 적용할 때, i를 강조할 필요가 있으면 기호 $a_{\overline{n}|i}$와 $s_{\overline{n}|i}$를 사용한다.

정리 1.5.3. *각 주기 동안 실효이자율을 i라 하고 할인인자를 $v = (1+i)^{-1}$이라 할 때, 다음 공식이 성립한다.*

$$a_{\overline{n}|} = \frac{(1-v^n)}{i}, \quad s_{\overline{n}|} = \frac{(1+i)^n - 1}{i}$$

증명. 등비급수 합의 계산에 의하여,

$$\begin{aligned} a_{\overline{n}|} &= v(1 + v + \cdots + v^{n-1}) \\ &= v\frac{1-v^n}{1-v} = \frac{1}{1+i}\frac{1-v^n}{1-\frac{1}{1+i}} \\ &= \frac{1}{1+i}\frac{1-v^n}{\frac{i}{1+i}} = \frac{1-v^n}{i}, \end{aligned}$$

$$\begin{aligned} s_{\overline{n}|} &= 1 + (1+i) + \cdots + (1+i)^{n-1} \\ &= \frac{1-(1+i)^n}{1-(1+i)} = \frac{1-(1+i)^n}{-i} = \frac{(1+i)^n - 1}{i} \end{aligned}$$

이 성립한다. □

정리 1.5.4. *$a_{\overline{n}|}$ 과 $s_{\overline{n}|}$ 은 다음 관계를 만족한다.*

(1) $s_{\overline{n}|} = a_{\overline{n}|}(1+i)^n$ (2) $\dfrac{1}{a_{\overline{n}|}} = \dfrac{1}{s_{\overline{n}|}} + i$

증명. (1) $v^{-n} = (1+i)^n$이므로 정리 1.5.3을 이용하면,

$$a_{\overline{n|}}(1+i)^n = \left(\frac{1-v^n}{i}\right)(1+i)^n = \frac{(1+i)^n - 1}{i} = s_{\overline{n|}}$$

이다.

(2) v의 정의와 정리 1.5.3을 이용하면,

$$\frac{1}{s_{\overline{n|}}} + i = \frac{i}{(1+i)^n - 1} + i = \frac{i(1+i)^n}{(1+i)^n - 1} = \frac{i}{1-v^n} = \frac{1}{a_{\overline{n|}}}$$

을 얻는다. □

[예제] 1.5.5. 20년 동안 매 반년 주기말에 500(만원)씩 받는다고 하자. 명목 연 이자율 9%를 연 2회 복리적용한다면 연금의 흐름의 현가는 얼마인가?

(풀이). 1회의 연금은 $A = 500$이고, 지불주기는 반년이다. 명목 연 이자율이 $i^{(2)} = 0.09$이므로 주기 당 실효 이자율은 $i = i^S = i^{(2)}/2 = 0.045$이다. 그리고 연금 지불 횟수는 $n = 20 \times 2 = 40$이다. 따라서 구하는 현가 PV는 다음과 같다.

$$PV = Aa_{\overline{n|}i} = 500a_{\overline{40|}0.045} =^{*} (500)(18.4016) = 9200.80\text{만원}$$

$=^{*}$의 계산에서 사용하는 계산기 사용법은 잠시 후의 참고 1.5.11에서 다룬다. □

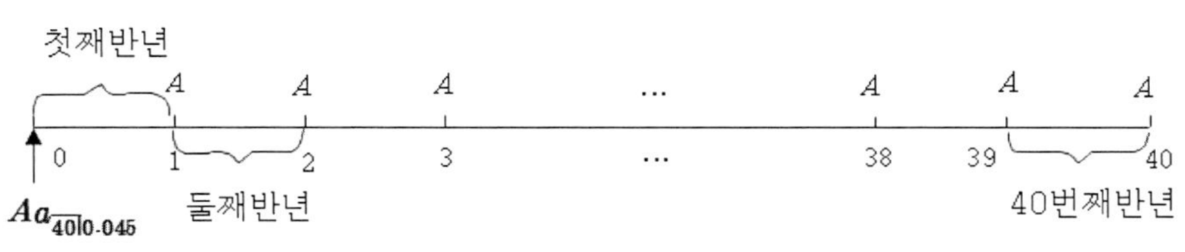

그림 1.5.2: 기말 지불 연금의 현가의 예

[예제] 1.5.6. 2000년 1월 1일에 명목 연 이자율 24%를 연 12회 복리적용하는 조건으로 1,000,000원을 은행에 입금하였다. 2003년 4월 말에 은행잔고가 0이 되도록 매월 말에 일정한 금액 A를 인출할려고 한다. A를 구하여라.

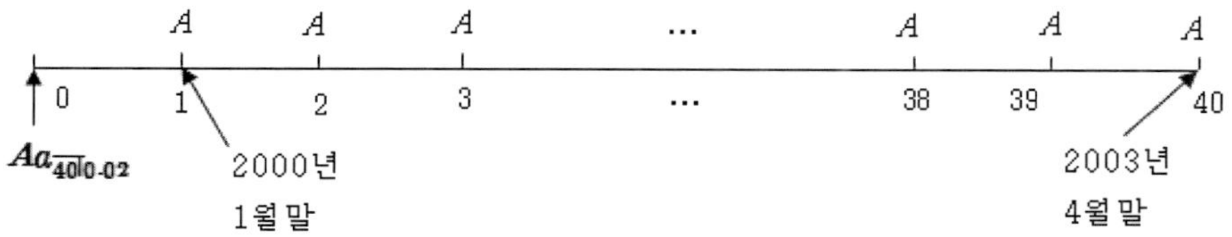

그림 1.5.3: 기말 지불 연금의 현가의 예

(풀이). 인출주기는 1개월이고 인출횟수는 $n = 40$이다. 명목 연 이자율이 $i^{(12)} = 0.24$이므로 주기 당 실효이자율은 $i = i^M = i^{(12)}/12 = (0.24)/(12) = 0.02$이다. 그리고 1,000,000원은 40개월간 인출금의 흐름의 현가 $Aa_{\overline{n|}i}$로 해석할 수 있으므로, $Aa_{\overline{40|}0.02} = 1,000,000$이다. 따라서

$$A = \frac{1,000,000}{a_{\overline{40|}0.02}} = \frac{1,000,000}{27.3555} = 36,560\text{원}$$

이다. □

문제 1.5.7. 실효 연 이자율 9%로 10년 동안 상환하기로 하고 연초에 100,000원을 대출하기로 하였다. 다음 세 가지의 각 상환 방법에 따라 지불해야 하는 총이자를 구하여라.

(1) 10년 후 원리금을 일시에 상환하는 경우

(2) 이자는 매년 말에 지불하고 원금은 10년 후 상환하는 경우

(3) 10년 동안 매년 말에 원리금을 균등분할상환하는 경우

정의 1.5.8. 간단히 하기 위하여 지급주기를 1년으로 하자. n년 동안 각 연도 초에 금액 1씩 지불하는 기초 지불 연금을 생각하자. **연금의 (흐름의) 1차년도 초**

에서의 **현가**(present value)를 $\ddot{a}_{\overline{n|}}$으로 표기하고, n**차년도 말에서의 연금의 (흐름에) 대한 원리금**(accumulated value)을 $\ddot{s}_{\overline{n|}}$으로 표기한다. 즉, 각 주기 동안 실효이자율을 i라 하고 할인인자를 $v = 1/(1+i)$라 할 때 $\ddot{a}_{\overline{n|}}$과 $\ddot{s}_{\overline{n|}}$은 각각 다음과 같이 정의된다.

$$\ddot{a}_{\overline{n|}} = 1 + v + v^2 + \cdots + v^{n-1}$$
$$\ddot{s}_{\overline{n|}} = (1+i) + (1+i)^2 \cdots + (1+i)^{n-1} + (1+i)^n$$

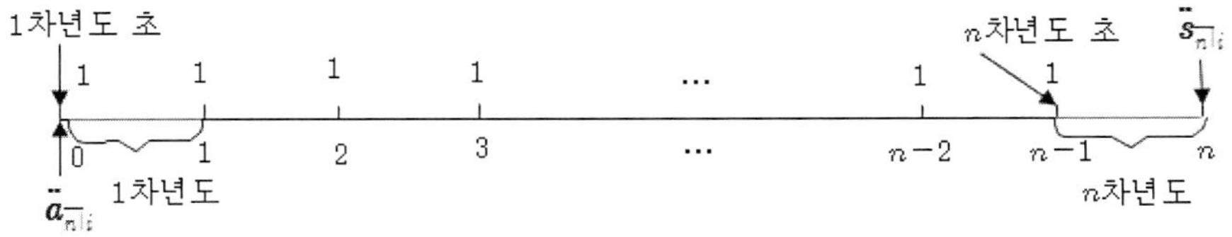

그림 1.5.4: 기초 지불 기본연금의 현가와 원리금

정리 1.5.9. *실효 연 이자율 i에 대하여, 연 할인인자를 $v = 1/(1+i)$ 그리고 실효 연 할인율를 $d = i/(1+i)$에 의해 정의할 때, 다음 공식이 성립한다.*

$$\ddot{a}_{\overline{n|}} = \frac{1-v^n}{d}, \quad \ddot{s}_{\overline{n|}} = \frac{(1+i)^n - 1}{d}$$

증명. d와 v의 정의와 이들의 관계식 $1 - v = iv = d$를 이용하면,

$$\begin{aligned}
\ddot{a}_{\overline{n|}} &= 1 + v + v^2 + \cdots + v^{n-1} \\
&= \frac{1-v^n}{1-v} = \frac{1-v^n}{iv} = \frac{1-v^n}{d}, \\
\ddot{s}_{\overline{n|}} &= (1+i) + (1+i)^2 + \cdots + (1+i)^n \\
&= (1+i)[1 + (1+i) + \cdots + (1+i)^{n-1}] \\
&= (1+i)\frac{1-(1+i)^n}{1-(1+i)} = \frac{1}{v}\frac{(1+i)^n - 1}{i} = \frac{(1+i)^n - 1}{d}
\end{aligned}$$

이 성립한다. □

정리 1.5.10. *다음 공식이 성립한다.*

(1) $\ddot{s}_{\overline{n|}} = \ddot{a}_{\overline{n|}}(1+i)^n$ (2) $\frac{1}{\ddot{a}_{\overline{n|}}} = \frac{1}{\ddot{s}_{\overline{n|}}} + d$

(3) $\ddot{a}_{\overline{n|}} = a_{\overline{n|}}(1+i)$ (4) $\ddot{s}_{\overline{n|}} = s_{\overline{n|}}(1+i)$

(5) $\ddot{a}_{\overline{n|}} = 1 + a_{\overline{n-1|}}$ (6) $\ddot{s}_{\overline{n|}} = s_{\overline{n+1|}} - 1$

증명. (2)를 제외한 나머지는 그림을 그려서 비교해 보면 쉽게 확인할 수 있다. 그래서 (2)만 증명한다.

$$\begin{aligned}\frac{1}{\ddot{s}_{\overline{n|}}} + d &= \frac{d}{(1+i)^n - 1} + d \\ &= \frac{d + d\{(1+i)^n - 1\}}{(1+i)^n - 1} = \frac{d(1+i)^n}{(1+i)^n - 1} \\ &= \frac{d}{1 - \frac{1}{(1+i)^n}} = \frac{d}{1 - v^n} \\ &= \frac{1}{\ddot{a}_{\overline{n|}}}\end{aligned}$$

이다. □

참고 1.5.11. $a_{\overline{n|}i}$와 $\ddot{a}_{\overline{n|}i}$ 그리고 $s_{\overline{n|}i}$와 $\ddot{s}_{\overline{n|}i}$의 값은 전자계산기(SOA Exam FM/2용 모델 BA II Plus 등)를 사용하여 바로 구할 수 있다. 실제로, 아래의 작업순서에 따르면

$$100a_{\overline{14|}0.05} = 989.86 \text{ 와 } 100\ddot{a}_{\overline{14|}0.05} = 1,039.36$$

을 얻으며, 이 작업순서에서 [PV] 대신 [FV]를 사용하면

$$100s_{\overline{14|}0.05} = 1,959.86 \text{ 와 } 100\ddot{s}_{\overline{14|}0.05} = 2,057.86$$

을 얻는다.

작업	누르기	화면표시
초기값 설정하기	[2nd](Reset)[ENTER]	**RST 0.00**
지불횟수 입력	**14**[N]	**N= 14.00◁**
이자율 입력	**5**[1/Y]	**1/Y= 5.00◁**
지불금액 입력	**100**[+/-][PMT]	**PMT= -100.00◁**
$a_{\overline{n}\vert i}$ 구하기	[CPT][PV]	**PV= 989.86***
기초 지불 설정	[2nd](BGN)[2nd](SET)	**BGN**
계산기 모드 전환	[2nd](QUIT)	**0.00**
$\ddot{a}_{\overline{n}\vert}$ 구하기	[CPT][PV]	**PV= 1,039.36***

[예제] 1.5.12. 11년간 매년 말에 일정한 금액 A씩 국채에 투자하여 12차년도 말까지 1,000,000원의 기금을 조성하려고 한다. 국채의 실효 연 이자율이 7%일 때, A를 구하여라.

(풀이). 1,000,000원은 금액 A를 11회 투자한 후 다음 1년 후의 원리금 총액이므로, 1차년도 말을 기초로 간주하느냐 혹은 기말로 간주하느냐에 따라서 다음 관계식이 성립한다.

$$A\ddot{s}_{\overline{11}\vert 0.07} = 1,000,000 \text{ 혹은 } As_{\overline{11}\vert 0.07}(1+0.07) = 1,000,000$$

그러므로

$$A = \frac{1,000,000}{\ddot{s}_{\overline{11}\vert 0.07}} = \frac{1,000,000}{16.89} = 59,210\text{원}$$

이다. □

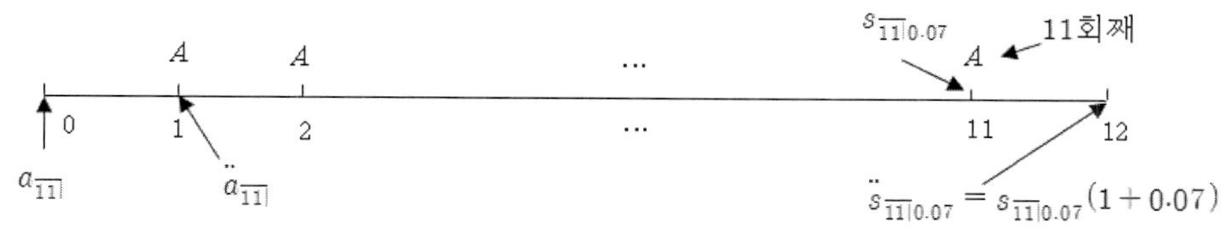

그림 1.5.5: 기말 지불 투자금 구하기

문제 1.5.13. 3차년도 말부터 9차년도 말까지 매년 금액 A씩 수령하였다. 다음 각 시점에서의 총연금의 흐름의 현가를 구하여라.

(1) 1차년도 초에서의 현가

(2) 12차년도 말에서의 현가

(3) 6차년도 말에서의 현가

정의 1.5.14. 일정한 거치기간 후부터 지불하는 연금을 **거치연금**(deferred annuity)이라 부른다. m년 거치기간 이후 n년 동안 매년 말에 1을 지불하는 연금의 흐름의 1차년도 초에서의 현가를 ${}_{m|}a_{\overline{n}|}$으로 표기한다.

문제 1.5.13의 (1)의 현가를 이 기호로 표현하면 ${}_{2|}a_{\overline{7}|}$이다.

정의 1.5.15. (연 m회 $1/m$씩 n년간 지불 연금). (1) 1년을 m등분하여 각 소구간의 종점에서 금액 $1/m$씩 매년 금액 1을 n년간 지불, 즉, 기말 지불한다고 하자. 이 연금의 1차년도 초에서의 현가를 $a_{\overline{n}|}^{(m)}$으로 표기하고, n차년도 말에서의 원리금을 $s_{\overline{n}|}^{(m)}$으로 표기한다.

(2) (1)의 경우에서 소구간의 시점에서 지불, 즉, 기초 지불하는 경우에 연금의 1차년도 초에서의 현가를 $\ddot{a}_{\overline{n}|}^{(m)}$으로 표기하고, n차년도 말에서의 원리금을 $\ddot{s}_{\overline{n}|}^{(m)}$으로 표기한다.

정리 1.5.16. *명목 연 이자율 $i^{(m)}$을 연 m회 복리적용한다고 가정하면 다음 공식이 성립한다.*

(1) $a_{\overline{n}|}^{(m)} = \dfrac{1-v^n}{i^{(m)}} = \dfrac{1-(1+i)^{-n}}{i^{(m)}}$

(2) $s_{\overline{n}|}^{(m)} = a_{\overline{n}|}^{(m)}(1+i)^n = \dfrac{(1+i)^n - 1}{i^{(m)}}$

(3) $a_{\overline{n}|}^{(m)} = \dfrac{i}{i^{(m)}} a_{\overline{n}|}$

(4) $s_{\overline{n}|}^{(m)} = \dfrac{i}{i^{(m)}} s_{\overline{n}|}$

여기서 i는 실효 연 이자율이고 $v = (1+i)^{-1}$은 실효 연 할인률이다.

증명. (1) 다음과 같이 증명한다.

$$\begin{aligned}
a_{\overline{n}|}^{(m)} &= \frac{1}{m}[v^{\frac{1}{m}} + v^{\frac{2}{m}} + \cdots + v^1 + \cdots + v^n] \\
&= \frac{1}{m} v^{\frac{1}{m}} [1 + v^{\frac{1}{m}} + \cdots + v^{n-\frac{1}{m}}] \\
&= \frac{1}{m} v^{\frac{1}{m}} \frac{1 - v^{n-\frac{1}{m}+\frac{1}{m}}}{1 - v^{\frac{1}{m}}} = \frac{1}{m}\left[\frac{1-v^n}{\frac{1}{v^{\frac{1}{m}}} - 1}\right] \\
&= \frac{1}{m}\left[\frac{1-v^n}{v^{-\frac{1}{m}} - 1}\right] = \frac{1-v^n}{m[(1+i)^{\frac{1}{m}} - 1]} \\
&= \frac{1-v^n}{i^{(m)}} = \frac{1-(1+i)^{-n}}{i^{(m)}}
\end{aligned}$$

(2) 증명은 (1)과 비슷하게 증명되어 진다.

(3) 다음과 같이 증명한다.

$$a_{\overline{n}|}^{(m)} = \frac{1-v^n}{i^{(m)}} = \frac{i}{i^{(m)}} \frac{1-v^n}{i} = \frac{i}{i^{(m)}} a_{\overline{n}|}$$

(4) 다음 식

$$s_{\overline{n}|}^{(m)} = a_{\overline{n}|}^{(m)}(1+i)^n = \frac{i}{i^{(m)}} a_{\overline{n}|}(1+i)^n = \frac{i}{i^{(m)}} s_{\overline{n}|}$$

이 성립한다. □

정리 1.5.17. *명목 연 할인률 $d^{(m)}$을 연 m회 전환가능하다고 가정하면 다음 공식이 성립한다.*

(1) $\ddot{a}^{(m)}_{\overline{n}|} = \dfrac{1-v^n}{d^{(m)}} = \dfrac{1-(1+i)^{-n}}{d^{(m)}}$

(2) $\ddot{s}^{(m)}_{\overline{n}|} = \ddot{a}^{(m)}_{\overline{n}|}(1+i)^n = \dfrac{(1+i)^n-1}{d^{(m)}}$

(3) $\ddot{a}^{(m)}_{\overline{n}|} = \dfrac{i}{d^{(m)}} a_{\overline{n}|}$

(4) $\ddot{s}^{(m)}_{\overline{n}|} = \dfrac{i}{d^{(m)}} s_{\overline{n}|}$

여기서 i는 실효 연 이자율이고 $v = (1+i)^{-1}$은 실효 연 할인률이다.

증명. 정리 1.5.16의 증명과 비슷한 계산에 의해 증명된다. □

정의 1.5.18. (연속적 지불 연금). 연속적으로 지불하는 방식으로 매년 금액 1을 n년간 지불하는 연금에 대하여, 1차년도 초에서의 현가를 $\bar{a}_{\overline{n}|}$으로 표기하고, n차년도 말에서의 원리금을 $\bar{s}_{\overline{n}|}$으로 표기한다.

참고 1.5.19. (1) 시점 t에서의 순간지불금액 dt의 현가는 $v^t dt$이므로,

$$\bar{a}_{\overline{n}|} = \int_0^n v^t dt = \left[\frac{v^t}{\ln v}\right]_0^n = \left[\frac{v^t}{-\delta}\right]_0^n = \frac{1-v^n}{\delta} = \frac{1-e^{-n\delta}}{\delta}$$

(2) 시점 $n-t$에서의 순간지불금액 dt의 원리금은 $(1+i)^t dt$이므로,

$$\bar{s}_{\overline{n}|} = \int_0^n (1+i)^t dt = \left[\frac{(1+i)^t}{\ln(1+i)}\right]_0^n = \left[\frac{(1+i)^t}{\delta}\right]_0^n = \frac{(1+i)^n-1}{\delta} = \frac{e^{n\delta}-1}{\delta}$$

참고 1.5.20. (1) 참고 1.2.1과 정리 1.5.16 및 정리 1.5.17에 의하여, 다음이 성립한다.

$$\bar{a}_{\overline{n}|} = \frac{1-v^n}{\delta} = \lim_{m\to\infty}\frac{1-v^n}{i^{(m)}} = \lim_{m\to\infty} a^{(m)}_{\overline{n}|},$$
$$\bar{a}_{\overline{n}|} = \frac{1-v^n}{\delta} = \lim_{m\to\infty}\frac{1-v^n}{d^{(m)}} = \lim_{m\to\infty} \ddot{a}^{(m)}_{\overline{n}|}$$

(2) 다음 관계식이 성립한다.

$$\bar{a}_{\overline{n}|} = \frac{1-v^n}{\delta} = \frac{i}{\delta}\frac{1-v^n}{i} = \frac{i}{\delta}a_{\overline{n}|}\left(= \frac{d}{\delta}\frac{1-v^n}{d} = \frac{d}{\delta}\ddot{a}_{\overline{n}|}\right),$$
$$\bar{a}_{\overline{n}|} = \frac{1-v^n}{\delta} = \frac{i^{(m)}}{\delta}\frac{1-v^n}{i^{(m)}} = \frac{i^{(m)}}{\delta}a^{(m)}_{\overline{n}|}\left(= \frac{d^{(m)}}{\delta}\frac{1-v^n}{d^{(m)}} = \frac{d^{(m)}}{\delta}\ddot{a}^{(m)}_{\overline{n}|}\right)$$

(3) $\bar{s}_{\overline{n}|}$에 대한 (1)과 (2)의 관계식도 쉽게 얻을 수 있다.

제 2 장

확률론 복습

이 장에서는 확률해석학에서 기본적으로 필요한 용어와 개념을 위하여 확률론의 최소한의 내용을 간추려 열거하여 복습할 수 있도록 한다. 확률공간을 소개하는 2.1절과 Lebesgue의 적분의 의미로 주어지는 기댓값의 정의와 성질을 다루는 2.2절의 전반부, 그리고 Radon-Nikodym의 정리에 의하여 의미가 부여되는 조건부기댓값의 정의와 성질을 다루는 2.4절의 후반부를 제외한 대부분은 Kim (2008)에서 발췌하였다.

제 2.1 절　확률공간

어떤 실험이나 시행에서 일어날 수 있는 모든 결과들의 모임 또는 집합을 **표본공간**(sample space)이라 부르는데, 보통 기호 Ω로 표시한다. 당분간 시행결과는 결과들의 집합이 아닌 단일 결과만 생각한다. 단일 결과를 하나의 **표본**(sample point)이라 부른다. 나중에, 이 시행결과들의 어떤 집합을 하나의 사건이라 부를 것이다. 많아야 가산 개의 원소를 가지는 표본공간을 **이산표본공간**(discrete sample space)이라 하고, 그렇지 않은 경우에 **연속표본공간**(continuous sample space)이라 부른다.

$\mathcal{F}$를 Ω의 모든 부분집합들의 전체, 즉 Ω의 멱집합 $\mathcal{P}(\Omega)$라 하자. 그러면 다음과 같은 성질들이 성립한다.

(S.1) $\Omega, \emptyset \in \mathcal{F}$

(S.2) $A \in \mathcal{F}$ 이면 $A^c \in \mathcal{F}$

(S.3) $A_1, A_2, \cdots \in \mathcal{F}$ 이면 $\bigcup_{i=1}^{\infty} A_i \in \mathcal{F}$

일반적으로, $\emptyset$이 아닌 임의의 집합 Ω의 어떤 부분집합족 $\mathcal{F}$가 위의 조건 (S.1) ~ (S.3)을 만족할 때, 이것을 Ω의 **σ-집합체**(σ-field)라 부르고, $(\Omega, \mathcal{F})$를 **가측공간**(measurable space)이라 한다. 참고로, $\mathcal{A}$를 Ω의 어떤 부분집합족이라 하면, $\mathcal{A}$를 포함하는 최소의 σ-집합체가 일의적으로 존재한다는 사실이 알려져 있는데, 이것을 $\mathcal{A}$에 의해 생성된 Ω의 σ-집합체라 하고 $\sigma(\mathcal{A})$로 표시한다. 특히, $\mathcal{A} = \{A : \mathbf{R}^n$의 개집합$\}$일 때, $\sigma(\mathcal{A})$를 n차원 **보렐집합체**(Borel field)라 부르고 $\mathcal{B}(\mathbf{R}^n)$으로 표시한다.

$\Omega(\neq \emptyset)$를 가산집합이라 하고 함수 $p : \Omega \to [0, 1]$을

$$\sum_{\omega_i \in \Omega} p(\omega_i) = 1$$

이 성립하도록 정의하자. 그리고 임의의 $A \in \mathcal{F}$에 대하여,

$$P(A) = \sum_{\omega \in A} p(\omega)$$

에 의해서 $P : \mathcal{F} \to [0, 1]$을 정의하면 분명히 다음 성질을 가진다.

(P.1) $P(\Omega) = 1$

(P.2) $A \in \mathcal{F} \Rightarrow 0 \le P(A) \le 1$

(P.3) $A_1, A_2, \cdots \in \mathcal{F}$, disjoint $\Rightarrow P(\cup_i A_i) = \sum_i P(A_i)$

일반적으로, (P.1) ~ (P.3)을 만족하는 집합함수 $P : \mathcal{F} \to [0,1]$을 $(\Omega, \mathcal{F})$상의 **확률측도**(probability measure) 혹은 간단히 **확률**이라 부르고, $(\Omega, \mathcal{F}, P)$를 **확률공간**(probability space)이라 부른다. P를 정의하기 위하여 Ω가 가산집합일 필요는 없다. P는 $P(\Omega) = 1$인 일종의 Lebesgue측도이다. Ω가 가산집합일 때, P는 고전적 의미의 확률의 정의이다. $A \in \mathcal{F}$에 대해서 $P(A)$를 사건 A가 일어날 확률이라 부른다.

제 2.2 절 확률변수

$X : \Omega \to \mathbf{R}^1$가 $\mathcal{F}$-가측함수, 즉, 임의의 $A \in \mathcal{B}(\mathbf{R}^1)$에 대하여 $X^{-1}(A) \equiv \{\omega \in \Omega | X(\omega) \in A\} \in \mathcal{F}$일 때, X를 **확률변수**(random variable)라 부른다. 기호를 간단히 하기 위하여, 집합 $\{\omega \in \Omega | X(\omega) \in A\}$를 $\{X \in A\}$로 표기하고 $P(\{X \in A\})$를 단지 $P(X \in A)$로 표기하기로 한다. 즉, $P(\{\omega \in \Omega | X(\omega) \in A\}) = P(X \in A)$로 표기한다. 임의의 $A \in \mathcal{B}(\mathbf{R}^1)$에 대하여,

$$P_X(A) = P(X \in A)$$

에 의해 정의된 집합함수 $P_X : \mathcal{B}(R^1) \to [0,1]$을 확률변수 X의 **분포**(distribution) 또는 **법칙**(law)이라 한다. 분명히 X의 분포 P_X는 하나의 확률측도가 된다. 이

때 $(\mathbf{R}^1, \mathcal{B}(\mathbf{R}^1), P_X)$를 X에 의해 유도된(induced) 확률공간이라 부른다. 그리고

$$F_X(x) = P_X((-\infty, x]) = P(X \leq x)$$

에 의해 정의된 함수 $F_X : \mathbf{R}^1 \to [0.1]$를 X의 **(누적)분포함수**((cumulative) distribution function)라 말한다. 함수 $S_X(x) = 1 - F_X(x) = P(X > x)$를 X의 **생존함수** (survival function) 혹은 **신뢰성함수**(reliability function)라 부른다.

X를 어떤 확률공간 $(\Omega, \mathcal{F}, P)$상의 확률변수라 하고 $f(x) = F_X(x)$라 하자. 그러면 분명히 다음 성질을 만족한다.

(F.1) $x \leq y$ 이면 $f(x) \leq f(y)$

(F.2) $x \downarrow c$ 이면 $f(x) \downarrow f(c)$

(F.3) $\lim_{x\to\infty} f(x) = 1, \quad \lim_{x\to-\infty} f(x) = 0$

역으로 $f : \mathbf{R}^1 \to [0,1]$가 (F.1) $\sim$ (F.3)을 만족하면 어떤 확률공간 $(\Omega, \mathcal{F}, P)$상의 확률변수 X가 존재해서 $f(x) = F_X(x)$가 된다는 사실이 알려져 있다.

만약 확률변수 X의 치역 $\mathcal{R}(X)$가 유한 또는 가산 무한집합일 때, X를 **이산확률변수**(discrete random variable)라 부른다. $x_1, x_2, \cdots$를 X의 치역이라 두자. 임의의 $x_i \in \mathcal{R}(X)$에 대하여

$$p_X(x_i) = P(X = x_i)$$

에 의하여 정의된 함수 p_X를 X의 **확률질량함수**(probability mass function, pmf)라 부른다. X의 확률질량함수 p_X는 다음의 두 조건은 만족한다:

(a) $0 \leq p_X(x_i) \leq 1, \quad \forall i$

(b) $\sum_{i=1}^{\infty} p_X(x_i) = 1$

역으로, 위의 두 조건을 만족하는 함수는 어떤 적당한 이산확률변수의 확률질량 함수가 된다는 사실이 알려져 있다. 다음 성질은 쉽게 증명된다.

$$F_X(x) = \sum_{x_i \le x} p_X(x_i), \quad \forall x$$

확률변수 X의 분포함수 $F_X(x)$가 절대연속일 때, 즉 적당한 음이 아닌 함수 $f_X(x)$ 가 존재하여 모든 실수 x에 대하여

$$F_X(x) = \int_{-\infty}^{x} f_X(u)du$$

를 만족할 때, X를 연속확률변수라 부른다. 이때 존재한 함수 $f_X(x)$를 X의 **확률밀도함수**(probability density function, pdf)라 부른다.

분명히 X의 확률밀도함수 $f_X(x)$는 다음 두 조건을 만족한다:

(a) $f_X(x) \ge 0, \quad \forall x$

(b) $\int_{-\infty}^{+\infty} f_X(x)dx = 1$

그리고 역으로, 이들 두 조건을 만족하는 함수는 어떤 적당한 연속확률변수의 확률밀도함수가 된다는 사실이 알려져 있다. 그리고 임의의 $-\infty < a \le b < +\infty$에 대하여, 다음 식이 성립한다.

$$P(a \le X \le b) = \int_{a}^{b} f_X(x)dx \tag{2.2.1}$$

참고 2.2.1. X를 연속확률변수라 하자.

(1) 등식 (2.2.1)로부터, 임의의 $-\infty < a < +\infty$에 대하여,

$$P(X = a) = P(a \le X \le a) = \int_{a}^{a} f_X(x)dx = 0$$

가 성립하고, 따라서

$$P(a < X < b) = P(a \le X < b) = P(a < X \le b) = P(a \le X \le b)$$

이다.

(2) 정의에 의하여, 분포함수 F_X는 연속이고 비감소 미분가능한 함수이며

$$\frac{d}{dx}F_X(x) = f_X(x)$$

이다.

(3) 다음과 같이 정의된 함수

$$\begin{aligned} h_X(x) &= -\frac{d}{dx}\ln S_X(x) = -\frac{d}{dx}\ln\{1 - F_X(x)\} \\ &= f_X(x)/\{1 - F_X(x)\} = f_X(x)/S_X(x) \end{aligned}$$

를 X의 **위험률**(hazard rate) 혹은 **고장률**(failure rate)이라 부른다.

통계학이나 보험수학에서는 특수한 확률질량함수나 확률밀도함수를 가지는 확률변수들만 다룬다. 이들을 다음 절에서 소개하겠다.

제 2.3 절 기댓값과 분산

먼저 X를 $x_1, x_2, \cdots$의 값을 가지는 이산확률변수라 하자. 이때

$$E[X] = \sum_{i=1}^{\infty} x_i P(X = x_i) = \sum_{i=1}^{\infty} x_i p_X(x_i) \tag{2.3.1}$$

를 X의 **기댓값**(expectation)이라 부른다. 단, 우변의 급수는 $\sum_{i=1}^{\infty} x_i p_X(x_i)$가 절대연속, 즉, $\sum_{i=1}^{\infty} |x_i| p_X(x_i) < \infty$일 때 의미가 있다. X의 기댓값을 X의 **평균값**(mean value)이라 부르기도 한다.

X가 연속확률공간 $(\Omega, \mathcal{F}, P)$상의 확률변수, 즉 X가 연속확률변수일 때 모든 $\omega_i \in \Omega$에 대하여, $P(\{\omega_i\}) = P(X = a_i) = 0$이므로 X의 기댓값을 식 (2.3.1)과 같이 정의할 수 없다. 그러나 $X : \Omega \to \mathbf{R}^1$이 가측함수이므로 실변수함수론에서의 Lebesgue 적분의 정의와 같은 논리로 다음과 같이 4단계로 나누어 기댓값을 정의한다.

(step 1) X가 정의함수(indicate function)일 때, 즉, 적당한 $A \in \mathcal{F}$와 $a \in \mathbf{R}^1$에 대하여 $X(\omega) = a1_A(\omega)$일 때,

$$E[X] = aP(A) \tag{2.3.2}$$

에 의해 정의한다. 단, 1_A는 $\omega \in A$일 때 $1_A(\omega) = 1$이고, $\omega \neq A$일 때 $1_A(\omega) = 0$인 함수이다.

참고 2.3.1. (2.3.2)의 우변은 정의함수 $X = a1_A$의 Lebesgue 측도 P에 의한 Lebesgue 적분 $\int_\Omega X(\omega)dP(\omega)$이다.

(step 2) X가 계단함수(step function)일 때, 즉, 적당한 $A_i \in \mathcal{F}$와 $a_i \in \mathbf{R}^1$, $i = 1, 2, \cdots, n$에 대하여

$$X(\omega) = \sum_{i=1}^{n} a_i 1_{A_i}(\omega)$$

일 때, X의 기댓값을

$$E[X] = \sum_{i=1}^{n} a_i P(A_i) \tag{2.3.3}$$

에 의해 정의한다.

참고 2.3.2. (2.3.3)의 우변은 계단함수 X의 P에 의한 Lebesgue 적분 $\int_\Omega X(\omega)dP(\omega)$ 이다.

(step 3) $X > 0$인 경우, 임의의 $\omega \in \Omega$에 대해서, $X_n(\omega) \uparrow X(\omega)$가 되는 양의 계단함수열 $\{X_n\}$가 존재한다(실변수함수론 참고). 이때

$$E[X] = \lim_{n\to\infty} E[X_n], \qquad (+\infty\text{도 허용})$$

에 의해 정의한다.

(step 4) X가 일반적인 확률변수인 경우, $X^+ = \max(X,0), X^- = \max(-X,0)$이라 두자. 이때 $X^+, X^- > 0, X = X^+ - X^-$이므로 step 3에 의해 $E[X^+], E[X^-]$가 정의되어 진다. 이때 $E[X] = E[X^+] - E[X^-]$에 의해 정의한다. 단, $E[X^+]$와 $E[X^-]$ 중 적어도 하나가 유한인 경우에 한해서 $E[X]$가 정의되어 진다.

참고 2.3.3. 확률변수 X의 기댓값 $E[X]$는 실변수함수론에서 가측함수 X의 Lebesgue 측도 P에 의한 Lebesgue 적분에 불과하다. 따라서 $E[X]$는 다음과 같이 정의한다.

$$\begin{aligned} E[X] &= \int_\Omega X(\omega)dP(\omega) \ : \ \text{Lebesgue integral} \\ &= \int_{\mathcal{R}(X)} x dP_X(x) \ : \ \text{Lebesgue - Stieltjes integral} \\ &= \int_{-\infty}^{\infty} x dF_X(x) \ : \ \text{Riemann-Stieltjes integral} \end{aligned}$$

특히, X의 확률밀도함수 $f_X(x)$가 존재하면, 참고 2.2.1(2)에 의하여, 기댓값은 다음과 같이 정의된다.

$$E[X] = \int_{-\infty}^{\infty} x f_X(x) dx \ : \ \text{Riemann integral}$$

$E[X^k]$를 X의 k차 **모멘트**(moment)라 하고 $C(X,Y) = E[(X - E[X])(Y - E[Y])]$를 X와 Y의 공분산(covariance)이라 한다. $X = Y$일 때,

$Var(X) = C(X, X) = E[X^2] - E[X]^2$을 X의 **분산**(variance)이라 부른다. 그리고 $M_X(s) = E[e^{sX}]$를 X의 **적률생성함수**(moment generating function)라 한다.

[예제] 2.3.4. 특수한 이산확률변수의 기댓값과 분산의 값에 관하여 알아보자.

(1) 확률질량함수가

$$p_X(k) = P(X = k) = \frac{e^{-\lambda}\lambda^k}{k!}$$

에 의하여 주어질 때, X는 모수(parameter) $\lambda > 0$인 **포아송 분포**(Poisson distribution)를 가진다고 하고, $X \sim P(\lambda)$로 표시한다. 이때 기댓값과 분산은 다음과 같다.

$$E[X] = Var(X) = \lambda$$

(2) 확률질량함수가

$$p_X(k) = P(X = k) = \binom{n}{k} p^k (1-p)^{n-k}, \quad k = 0, 1, 2, \cdots, n$$

에 의해 주어질 때, X는 모수 n과 p의 **이항분포**(binomial distribution)를 가진다고 하고 $X \sim B(n, p)$로 표시한다. 이때 기댓값과 분산은 다음과 같다.

$$E[X] = np, \quad Var(X) = np(1-p)$$

(3) 한 번의 시행에서 성공할 확률이 p인 독립시행을 연속적으로 반복한다고 가정하자. X를 첫 번째로 성공할 때까지 실패한 시행의 횟수를 나타내는 확률변수라 하면,

$$p_X(k) = P(X = k) = p(1-p)^k, \quad k = 0, 1, 2, \cdots$$

가 성립한다. 이때 확률변수 X는 모수 p인 **기하분포**(geometric distribution)를 가진다고 말하고, $X \sim G(p)$로 표시한다. 만약 $X \sim G(p)$이면,

$$E[X] = \frac{1-p}{p}, \quad Var(X) = \frac{1-p}{p^2}$$

임을 알 수 있다.

[예제] 2.3.5. 특수한 연속확률변수의 기댓값과 분산의 값에 관하여 알아보자.

(1) 연속확률변수 X의 확률밀도함수가

$$f_X(x) = \begin{cases} \frac{1}{b-a}, & \text{if} \quad a < x < b \\ 0, & \text{그 외에서} \end{cases}$$

에 의하여 주어질 때, X는 구간 (a, b)에서 **균등분포**(uniform distribution)를 가진다고 하고 $X \sim U(a, b)$로 표시한다. 이때 기댓값과 분산은 다음과 같다.

$$E[X] = \frac{a+b}{2}, \quad Var(X) = \frac{(b-a)^2}{12}$$

(2) 두 개의 상수 $-\infty < \mu < \infty$와 $\sigma > 0$가 주어졌다고 하자. 확률밀도함수가

$$f_X(x) = \frac{1}{\sqrt{2\pi}\sigma} \exp\left\{-\frac{1}{2}\left(\frac{x-\mu}{\sigma}\right)^2\right\}, \quad -\infty < x < \infty$$

에 의해 주어질 때, X는 모수 μ와 σ^2의 **정규분포**(normal distribution)를 따른다고 말하고, $X \sim N(\mu, \sigma^2)$로 표시한다. 만약 $X \sim N(\mu, \sigma^2)$이면 다음이 성립한다.

$$M_X(t) = \exp\left(\mu t + \frac{\sigma^2 t^2}{2}\right), \quad E[X] = \mu, \quad Var(X) = \sigma^2$$

(3) 위에서와 같이 두 개의 상수 $-\infty < \mu < \infty$와 $\sigma > 0$가 주어졌다고 하자. $\ln X \sim N(\mu, \sigma^2)$일 때, X는 모수 μ 와 σ^2의 **로그정규분포**(log-normal distribution)를 가진다고 하고 $X \sim LN(\mu, \sigma^2)$로 표시한다. 이 경우 기댓값과 분산은 다음과 같이 주어진다.

$$E[X] = \exp\left\{\mu + \frac{\sigma^2}{2}\right\},$$
$$Var(X) = \exp\{2\mu + \sigma^2\}(\exp\{\sigma^2\} - 1)$$

(4) 확률밀도함수가

$$f_X(x) = \begin{cases} \lambda e^{-\lambda x}, & \text{if} \quad x > 0 \\ 0, & \text{그 외에서} \end{cases}$$

에 의해 주어질 때, X는 모수 $\lambda > 0$의 **지수분포**(exponential distribution)를 가진다고 말하고, $X \sim E(\lambda)$로 표시한다. $X \sim E(\lambda)$라 하자. $x \geq 0$에 대하여, $F_X(x) = P(X \leq x) = 1 - e^{-\lambda x}$이고, $t < \lambda$에 대하여, $M_X(t) = \frac{\lambda}{\lambda - t}$라는 사실을 쉽게 확인할 수 있다. 그래서 $E[X] = \frac{1}{\lambda}$과 $Var(X) = \frac{1}{\lambda^2}$을 얻을 수 있다. 그러므로 $X \sim E(\lambda)$이면, X는 평균 $1/\lambda$인 지수분포를 가지는 확률변수라 말하기도 한다.

참고 2.3.6. $X \sim N(\mu, \sigma^2)$일 때,

$$\frac{X - \mu}{\sigma} \sim N(0, 1^2)$$

가 성립하는데, 이것을 X의 **표준화된 확률변수**(standardized random variable) 혹은 **정규화된 확률변수**(normalized version)라 부른다.

참고 2.3.7. $Z \sim N(0, 1^2)$일 때, Z는 **표준정규분포**(standard normal distribution)를 따른다고 말한다. 이때 Z의 분포함수는 다음과 같이 주어진다.

$$F_Z(z) = P(Z \leq z) = \int_{-\infty}^{z} \frac{1}{\sqrt{2\pi}} e^{-x^2/2} dx$$

$F_Z(z)$를 때때로 $\Phi(z)$로 표시한다. $\Phi(z)$의 값을 표로 나타낸 표준정규분포표는 대부분의 확률론 혹은 통계학 교과서에서 발견되고, 필요한 경우 시험에서 제공한다. Z의 확률밀도함수 $f_Z(z)$는 0에서 대칭이기 때문에

$$\Phi(-z) = 1 - \Phi(z)$$

가 성립한다. 만약 $0 < \alpha < 1$이면, $P(Z > z_\alpha) = \alpha$ 또는 $\Phi(z_\alpha) = P(Z \leq z_\alpha) = 1 - \alpha$를 만족하는 z_α를 표준정규분포의 $100(1 - \alpha)$ **퍼센트 점**(percentile)이라 부른다.

기댓값의 중요한 성질로서 다음과 같은 결과가 성립한다.

정리 2.3.8. (체비셰프의 부등식(Chebyshev's inequality)). *Y를 $E[Y] = \mu$인 확률변수라 하자. φ를 R^1상의 음이 아닌 우함수라하고 $(0, \infty)$ 상에서 증가 함*

수라 하자. 이때 다음 부등식이 성립한다.

$$P(|Y| \geq x) \leq \frac{E[\varphi(Y)]}{\varphi(x)}, \quad (x > 0)$$

확률변수열 $X, X_1, X_2, \cdots$을 생각하자. 함수 $\varphi(x) = |x|^p$는 위의 정리의 조건을 만족한다. 이 함수와 $Y = X_n - X$를 이 정리에 적용하면,

$$P(|X_n - X| > \varepsilon) \leq \frac{E[|X_n - X|^p]}{\varepsilon^p}$$

를 얻는다. $P(|X_n - X| > \varepsilon) \to 0$일 때, X_n는 X에 **확률수렴**(convergence in probability)한다고 하고, $E[|X_n - X|^p] \to 0$일 때, X_n는 X에 **L^p-수렴**(L^p-convergence)한다고 말한다. 그러므로 위의 정리로부터, X_n이 X에 L^p-수렴하면 확률수렴함을 알 수 있다. 거의 모든 $\omega \in \Omega$에 대하여 $X_n(\omega)$가 $X(\omega)$에 수렴할 때, X_n는 X에 **거의 확실히 수렴**(convergence a.s.)한다고 말한다. X_n이 X에 확률수렴하면, 적당한 부분열이 X에 거의 확실히 수렴한다는 사실은 잘 알려진 기본 성질이다.

정리 2.3.9. (옌센의 부등식(Jensen's inequality)). *만약 실변수함수 $h(x)$가 아래로 볼록하면, 즉, 모든 실수 x에 대하여 $h''(x) \geq 0$이면,*

$$E[h(X)] \geq h(E[X])$$

가 성립한다. 단, 이 부등식은 기댓값들이 유한값으로 존재할 때 의미를 가진다.

증명. 함수 $h(x)$의 $\mu = E[X]$를 중심으로 하는 테일러(Taylor)의 급수전개공식에 의하여,

$$h(x) = h(\mu) + h'(\mu)(x - \mu) + \frac{h''(\xi)(x - \mu)^2}{2}$$

가 된다. 단, ξ는 x와 μ의 사이의 적당한 실수이다. $h''(x) \geq 0$이므로,

$$h(x) \geq h(\mu) + h'(\mu)(x - \mu)$$

이다. 따라서

$$h(X) \geq h(\mu) + h'(\mu)(X - \mu)$$

를 얻는다. 양변에 기댓값을 취하면,

$$E[h(X)] \geq h(\mu) + h'(\mu)E[(X - \mu)] = h(\mu)$$

이고, 정리의 증명은 끝난다. □

$h(x) = x^2$라 하면, 모든 x에 대하여, $h''(x) = 2 \geq 0$이고, 따라서 $E[X^2] \geq E[X]^2$이다. 이것은 $E[X^2] - E[X]^2 = Var(X) \geq 0$라는 사실로부터도 참임을 알 수 있다. 아래로 볼록한 함수의 또 다른 예는, 모든 x에 대하여 $h(x) = e^{kx}$와 모든 $x \geq 0$에 대하여 $h(x) = -x^{1/k}$이다.

정리 2.3.10. (슈바르츠의 부등식(Schwartz's inequality)). *확률변수 X에 대하여, $E[X^2]$와 $E[Y^2]$가 유한이라 가정하자. 그러면 $E[XY]$는 유한이고,*

$$|E[XY]|^2 \leq E[|X|^2]E[|Y|^2]$$

이 성립한다.

증명. 만약 X가 0이면, 바로 등식이 성립한다. 그래서 X가 0이 아니라 가정하자. 그러면 $E[|X|^2] > 0$이다. 임의의 실수 x에 대하여,

$$h(x) = E[(x|X| + |Y|)^2] = E[|X|^2]x^2 + 2E[|XY|]x + E[|Y|^2]$$

라 두자. 함수 $h(x)$가 음이 아닌 확률변수의 기댓값이므로, 모든 x에 대하여, 음이 아닌 값을 가진다. 따라서 2차식 $h(x) = 0$은 실근을 가지지 않거나 한 개의 실중복근을 가진다. 그러므로 판별식이 ≤ 0이어야 한다. 즉,

$$E[|XY|]^2 - E[|X|^2]E[|Y|^2] \leq 0$$

이다. 분명히

$$|E[XY]| \leq E[|XY|]$$

이므로, 정리가 성립한다. □

정의 2.3.11. 연속확률변수 X의 분포함수가 아래와 같이 주어질 때, X는 모수 λ와 L의 **절단된 지수분포** (truncated exponential distribution)를 가진다고 말하고, $X \sim TE(\lambda, L)$로 표시한다.

$$F_X(x) = \begin{cases} 0, & \text{if} \quad x < 0 \\ 1 - e^{-\lambda x}, & \text{if} \quad 0 \leq x < L \\ 1, & \text{if} \quad x \geq L \end{cases} \tag{2.3.4}$$

참고 2.3.12. $X \sim TE(\lambda, L)$일 때, 절단된 분포함수 $F_X(x)$는 점 $x = L$에서 점프를 하는데, 점프의 높이는 $e^{-\lambda L}$이다. 그러므로 $F_X(x)$는 구간 $(0, L)$에서 확률밀도함수 $f_X(x) = \lambda e^{-\lambda x}$를 가지고 점 $x = L$에서 확률질량함수 $p_X(L) = e^{-\lambda L}$를 가지는 혼합분포함수이다. 분명히 다음 식이 성립한다.

$$\int_0^L f_X(x)dx + p_X(L) = \int_0^L \lambda e^{-\lambda x} dx + e^{-\lambda L} = -e^{-\lambda L} + 1 + e^{-\lambda L} = 1$$

이 경우에, X의 기댓값과 분산은 다음과 같다.

$$E[X] = \int_0^L x\lambda e^{-\lambda x} dx + Le^{-\lambda L} = \frac{1 - e^{-\lambda L}}{\lambda}$$

이고

$$\begin{aligned} Var(X) &= \int_0^L x^2 \lambda e^{-\lambda x} dx + L^2 e^{-\lambda L} - \left(\frac{1 - e^{-\lambda L}}{\lambda}\right)^2 \\ &= \frac{2}{\lambda^2}(1 - e^{-\lambda L}) - \frac{2L}{\lambda} e^{-\lambda L} - \left(\frac{1 - e^{-\lambda L}}{\lambda}\right)^2 \\ &= \frac{1 - 2\lambda L e^{-\lambda L} - e^{-2\lambda L}}{\lambda^2} \end{aligned}$$

제 2.4 절 조건부기댓값

$(\Omega, \mathcal{F}, P)$를 어떤 확률공간이라 하고 $A, B \in \mathcal{F}, P(B) > 0$이라 두자. 이때

$$P(A|B) = \frac{P(A \cap B)}{P(B)}$$

를 사건 B가 일어났다는 가정하에서 A가 발생할 **조건부확률**(conditional probability of A given B)이라 부른다. $P(B) > 0$인 $B \in \mathcal{F}$를 고정시키면 $P(\cdot \cap B)$는 새로운 하나의 Lebesgue 측도가 된다. 그리고 분명히 $P(\cdot|B) = P(\cdot \cap B)/P(B)$는 $(\Omega, \mathcal{F})$상의 확률(측도)이 된다. 따라서 새로운 확률공간 $(\Omega, \mathcal{F}, P(\cdot|B))$를 얻는다. Ω상의 확률변수 X에 대한 $P(\cdot|B)$에 의한 Lebeague 적분 $\int_\Omega X(\omega)dP(\omega|B)$를 사건 B하에서의 X의 **조건부기댓값**(conditional expectation of X given B)이라 부르고 $E[X|B]$로 표시한다. 즉,

$$E[X|B] = \int_\Omega X(\omega)dP(\omega|B)$$

수리통계학이나 보험수학에서는 보통 위에서 정의한 조건부확률과 조건부 기댓값만으로 충분하지만 수학적으로 더 수준높은 이론을 다루기 위하여 좀 더 일반적인 의미의 정의가 필요하다. 공학, 사회학 혹은 첨단과학 등과 같은 실제적인 문제에서 이와 같은 일반화된 이론들이 사용되고 있다.

먼저 $B \in \mathcal{F}$일 때, $\mathcal{F}$의 부분 σ-집합체 $\mathcal{U} = \{\Omega, \emptyset, B, B^c\}$를 생각하자. 확률변수 $E[X|\mathcal{U}](\cdot) : \Omega \to R^1$을

$$E[X|\mathcal{U}](\omega) = \begin{cases} E[X|B], & \text{if } \omega \in B \\ E[X|B^c], & \text{if } \omega \in B^c \end{cases}$$

에 의해 정의한다. 그러면 다음 결과가 성립한다.

$$\begin{aligned}
&\int_\Omega E[X|\mathcal{U}](\omega)dP(\omega) \\
=\ & \int_B E[X|\mathcal{U}](\omega)dP(\omega) + \int_{B^c} E[X|\mathcal{U}](\omega)dP(\omega) \\
=\ & P(B)E[X|B] + P(B^c)E[X|B^c] \\
=\ & P(B)\int_\Omega X(\omega)dP(\omega|B) + P(B^c)\int_\Omega X(\omega)dP(\omega|B^c) \\
=\ & P(B)\int_B X(\omega)\frac{1}{P(B)}dP(\omega) + P(B^c)\int_{B^c} X(\omega)\frac{1}{P(B^c)}dP(\omega) \\
=\ & \int_\Omega X(\omega)dP(\omega) \\
=\ & E[X]
\end{aligned}$$

위에서 만약 $B = \Omega$이면, $\mathcal{U} = \{\Omega, \emptyset\}$이고, 임의의 $\omega \in \Omega$에 대하여, $E[X|\mathcal{U}](\omega)$ $= E[X|\Omega] = E[X]$가 된다. 그러므로 $E[X|\mathcal{U}] = E[X]$가 성립한다.

이제 $B_1, B_2, \cdots, B_n \in \mathcal{F}$가 서로 소이고 $\cup_{i=1}^n B_i = \Omega$일 때, $\mathcal{U} = \sigma(B_1, B_2, \cdots, B_n)$이라 하자. 이때 확률변수 $E[X|\mathcal{U}](\cdot) : \Omega \to R^1$을

$$E[X|\mathcal{U}](\omega) = E[X|B_i] \quad \text{if } \ \omega \in B_i,\ i = 1, 2, \cdots, n$$

에 의해 정의하면 앞에서와 같은 계산에 의하여

$$\begin{aligned}
\int_\Omega E[X|\mathcal{U}](\omega)dP(\omega) &= \sum_{i=1}^n P(B_i)E[X|B_i] \\
&= \int_\Omega X(\omega)dP(\omega) \\
&= E[X]
\end{aligned}$$

가 성립한다. 그리고 $n = \infty$일 때도 같은 결과가 성립한다.

참고 2.4.1. $B_i, i = 1, 2, \cdots$ 가 서로 소이고, $\cup_{i=1} B_i = \Omega$, $\mathcal{U} = \sigma(B_1, B_2, \cdots)$일 때, $E[X|\mathcal{U}]$는 $\{E[X|B_i] : i = 1, 2, \cdots\}$-치 확률변수이고 위와 같은 계산에 의해, 임의의 $B \in \mathcal{U}$에 대하여

$$\int_B E[X|\mathcal{U}](\omega)dP(\omega) = \int_B X(\omega)dP(\omega)$$

가 성립한다.

위에서와 같이 정의한 Ω상의 확률변수 $E[X|\mathcal{U}]$를 σ-집합족 $\mathcal{U}$ 아래에서 X의 조건부기댓값(conditional expectation of X given $\mathcal{U}$)이라 부른다.

지금까지는 Ω의 분할 $B_1, B_2, \cdots, B_n$에 의해 주어진 σ-집합체 $\mathcal{U}$가 주어졌을 때, X의 조건부기댓값 $E[X|\mathcal{U}]$를 정의하였다. 그런데 실제적인 문제에서는 $\mathcal{U}$가 확률변수족 $\{Y_\lambda|\lambda \in \Lambda\}$에 의해 생성된 σ-집합체, 즉,

$$\begin{aligned} \mathcal{U} &= \sigma\{Y_\lambda, \lambda \in \Lambda\} \\ &= \sigma\{\{\omega \in \Omega | Y_\lambda(\omega) \in A\} | \lambda \in \Lambda, A \in \mathcal{B}(R^1)\} \end{aligned}$$

인 경우가 많다. 따라서 좀 더 일반적인 의미의 정의가 필요하다. 이를 위하여 실변수함수론의 중요한 결과들 중 하나인 Radon-Nikodym 정리를 이용한다. $(\Omega, \mathcal{F}, P)$를 주어진 확률공간이라 하고 $\mathcal{U}$를 $\mathcal{F}$의 임의의 부분 σ-집합체라 두고 $P_{\mathcal{U}}$를 $\mathcal{U}$상의 집합함수로서 P에 의해 유도된 확률측도, 즉,

$$P_{\mathcal{U}}(E) = P(E), \quad E \in \mathcal{U}$$

라 하자. 그리고 X를 $E[|X|] < \infty$인 $(\Omega, \mathcal{F})$상의 확률변수라 하자. 이때 임의의 $E \in \mathcal{U}$에 대해서,

$$Q_X(E) = \int_E X(\omega) dP_{\mathcal{U}}(\omega) = \int_\Omega X(\omega)\mathcal{X}_E(\omega) dP(\omega)$$

라 두면, Q_X는 $\mathcal{U}$상의 유한인 부호측도이고 $Q_X \ll P_{\mathcal{U}}$가 성립한다. 따라서 Radon-Nikodym 정리에 의하여, 임의의 $E \in \mathcal{U}$에 대하여,

$$\int_E Z(\omega) dP(\omega) \left(= \int_E Z(\omega) dP_{\mathcal{U}}(\omega) = Q_X(E) \right) = \int_E X(\omega) dP(\omega)$$

를 만족하는 $(\Omega, \mathcal{F})$상의 $\mathcal{U}$-가측 확률변수 Z가 일의적으로 존재한다.

정의 2.4.2. 위에서 일의적으로 존재한 확률변수 Z를 σ-집합체 $\mathcal{U}$ 아래에서 X의 **조건부기댓값**(conditional expectation of X given $\mathcal{U}$)이라 하고 $E[X|\mathcal{U}]$로 표시한다.

$\mathcal{U} = \sigma\{Y_\lambda, \lambda \in \Lambda\}$일 때는 $E[X|\mathcal{U}] = E[X|Y_\lambda, \lambda \in \Lambda]$로 표기하기로 한다.

정리 2.4.3. *조건부기댓값 $E[X|\mathcal{U}]$는 다음과 같은 성질을 가진다.*

(1) $E[X|\mathcal{U}]$*는 $\mathcal{U}$-가측 확률변수이다.*

(2) X*가 $\mathcal{U}$-가측이면,* $E[X|\mathcal{U}] = X,\ P_{\mathcal{U}} - a.s.$

(3) *만약* $X = c$*(상수),* $P_{\mathcal{U}}$ - $a.s.$*이면,* $E[X|\mathcal{U}] = c,\ P_{\mathcal{U}}$ - $a.s.$

(4) $E[a_1X_1 + a_2X_2|\mathcal{U}] = a_1E[X_1|\mathcal{U}] + a_2E[X_2|\mathcal{U}]$

(5) *만약* $X_1 \le X_2,\ P - a.s.$*이면,* $E[X_1|\mathcal{U}] \le E[X_2|\mathcal{U}],\ P_{\mathcal{U}} - a.s.$

(6) *만약* $\mathcal{U}_1 \subset \mathcal{U}_2 \subset \mathcal{F}$*이고* $E[X] < \infty$*이면,*

$$\begin{aligned} E[X|\mathcal{U}_1] &= E[E[X|\mathcal{U}_1]|\mathcal{U}_2] \\ &= E[E[X|\mathcal{U}_2]|\mathcal{U}_1],\ P_{\mathcal{U}_1} - a.s. \end{aligned}$$

(7) *만약* X*가 $\mathcal{U}$-가측이고,* $E[X], E[XY] < \infty$*이면,* $E[XY|\mathcal{U}] = XE[Y|\mathcal{U}]$, $P_{\mathcal{U}} - a.s.$

(8) 만약 X_n이 X에 L^p-수렴하면, $E[X_n|\mathcal{U}]$도 $E[X|\mathcal{U}]$에 L^p-수렴하고, 따라서 적당한 부분열은 거의 확실히 수렴한다.

제 2.5 절 결합분포와 조건부분포

두 개의 확률변수 X, Y가 주어져 있다고 하자. 다음 등식

$$F_{X,Y}(x,y) = P(X \le x, Y \le y), \quad (x,y) \in \mathbf{R}^2$$

을 만족하는 함수 $F_{X,Y}(x,y)$를 X와 Y의 **결합분포함수**(joint distribution function)라 부른다.

X와 Y를 우선 이산확률변수라 하고 많아야 가산개의 값 $(x_i, y_j), i, j = 1, 2, \cdots$ 을 가진다고 하자. 이때

$$p_{X,Y}(x_i, y_j) = P(X = x_i, Y = y_j)$$

에 의하여 정의된 함수 $p_{X,Y}(x,y)$를 X와 Y의 **결합확률질량함수**(joint probability mass function)라 부른다. $p_{X,Y}(x,y)$는 정의에 의하여 다음 두 가지 성질

(a) $0 \le p_{X,Y}(x_i, y_j) \le 1$

(b) $\sum_{i=1}^{\infty} \sum_{j=1}^{\infty} p_{X,Y}(x_i, y_j) = 1$

을 만족하며, 역으로 위의 두 가지 성질을 만족하는 함수는 어떤 두 개의 이산확률변수의 결합확률질량함수가 된다는 사실이 알려져 있다. 그리고 다음 등식

$$F_{X,Y}(x,y) = \sum_{x_i \le x} \sum_{y_j \le y} p_{X,Y}(x_i, y_j)$$

가 성립함을 쉽게 알 수 있다.

만약, 두 개의 X와 Y에 대하여, 음이 아닌 이변수함수 $f_{X,Y}(x,y)$가 존재하여

$$F_{X,Y}(x,y) = \int_{-\infty}^{x} \left(\int_{-\infty}^{y} f_{X,Y}(u,v)dv \right) du, \quad (x,y) \in \mathbf{R}^2$$

이 성립할 때, (X,Y)를 **연속확률벡터**(continuous random vector)라 부른다. 이 경우, $f_{X,Y}(x,y)$를 **결합확률밀도함수**(joint probability density function)라 부른다. $f_{X,Y}(x,y)$가

(a) $f_{X,Y}(x,y) \geq 0$

(b) $\int_{-\infty}^{\infty} \int_{-\infty}^{\infty} f_{X,Y}(x,y)dxdy = 1$

을 만족함을 쉽게 확인할 수 있다. 역으로, 위의 두 가지 성질을 만족하는 함수는 어떤 두 개의 연속확률변수의 결합확률밀도함수가 된다는 사실이 알려져 있다.

D를 $f_{X,Y}(x,y)$의 지지(support), 즉 $D = \{(x,y) \in \mathbf{R}^2 | f_{X,Y}(x,y) > 0\}$이고 A를 D내의 어떤 영역이면,

$$P((X,Y) \in A) = \int\int_A f_{X,Y}(x,y)dxdy$$

이다. 이것은 영역 A상의 2중적분(double integral)이다. 만약 A가

$$A = \left\{(x,y) \in \mathbf{R}^2 : a \leq x \leq b, c(x) \leq y \leq d(x)\right\}$$

$$= \left\{(x,y) \in \mathbf{R}^2 : a(y) \leq x \leq b(y), c \leq y \leq d\right\}$$

와 같이 주어지면 다음과 같은 반복적분(repeated integral)에 의하여 계산된다.

$$\begin{aligned} P((X,Y) \in A) &= \int_a^b \left(\int_{c(x)}^{d(x)} f_{X,Y}(x,y)dy \right) dx \\ &= \int_c^d \left(\int_{a(y)}^{b(y)} f_{X,Y}(x,y)dx \right) dy \end{aligned}$$

이제 조건부분포에 관하여 알아보자. 실수 $-\infty < x < \infty$에 대하여, 다음과 같이

$$F_{X|Y}(x|Y=y) = \lim_{h \to 0} P(X \le x | y \le Y \le y+h) \tag{2.5.1}$$

에 의하여 정의된 함수 $F_{X|Y}(x|Y=y)$를, $Y=y$가 주어졌을 때, X의 **조건부분포함수**(conditional distribution function)라 부른다. 만약 (X,Y)가 이산이면, 등식 (2.5.1)의 우변은 $P(X \le x|Y=y)$와 같다. 반면에 (X,Y)가 연속인 경우, 등식 (2.5.1)의 우변을 역시 $P(X \le x|Y=y)$로 표시하기로 한다.

X와 Y를 이산확률변수라 하고 한 사건 $\{Y=y\}$가 주어져 있다고 하자. 다음 식

$$p_{X|Y}(x_i|Y=y_j) = P(X=x_i|Y=y_j) = \frac{p_{X,Y}(x_i,y_j)}{p_Y(y_j)}$$

에 의해 주어진 함수 $p_{X|Y}(\cdot|Y=y_j)$를, 사건 $Y=y_j$가 주어졌을 때, X의 **조건부확률질량함수**(conditional probability mass function)라 부른다. 이산인 경우 다음 성질들이 성립함을 알 수 있다.

(a) $0 \le p_{X|Y}(x_i|Y=y_j) \le 1$

(b) $\sum_{i=1}^{\infty} p_{X|Y}(x_i|Y=y_j) = 1$

(c) $F_{X|Y}(x|Y=y_j) = \sum_{x_i \le x} p_{X|Y}(x_i|Y=y_j)$

실제로, 성질 (b)는 조건부확률질량함수의 정의와 성질

$$\sum_{i=1}^{\infty} p_{X,Y}(x_i, y_j) = p_Y(y_j)$$

에 의하여 증명된다.

이제 (X, Y)를 연속 랜덤 벡터라 하자. 그러면 다음 식

$$F_{X|Y}(x|Y=y) = \int_{-\infty}^{x} f_{X|Y}(u|Y=y)du, \quad -\infty < x < \infty$$

를 만족하는 음이 아닌 함수 $f_{X|Y}(\cdot|Y=y)$를, 사건 $Y = y_j$가 주어졌을 때, X의 **조건부확률밀도함수**(conditional probability density function)라 부른다.

정리 2.5.1. *X와 Y를 연속인 확률변수라 하자. 이때 이들의 결합확률밀도함수 $f_{X,Y}(x,y)$와 조건부확률밀도함수 $f_{X|Y}(x|Y=y)$는 다음과 같은 관계식을 만족한다.*

$$f_{X|Y}(x|Y=y) = \frac{f_{X,Y}(x,y)}{f_Y(y)}$$

연속인 경우, 다음 두 개의 성질

(a) $0 \le f_{X|Y}(u|Y=y)$

(b) $\int_{-\infty}^{\infty} f_{X|Y}(x|Y=y)dx = 1$

이 성립함을 쉽게 알 수 있다. 실제로, 성질 (b)는 정리 2.5.1과 주변확률밀도함수의 정의에 의하여 쉽게 증명된다.

정의 2.5.2. 사건 $Y = y$가 주어졌을 때, X의 **조건부기댓값**(conditional expectation)은, 이산인 경우,

$$E[X|Y=y] = \sum_{x_i} x_i p_{X|Y}(x_i|Y=y)$$

그리고 연속인 경우,

$$E[X|Y=y] = \int_{-\infty}^{\infty} x dF_{X|Y}(x|Y=y) = \int_{-\infty}^{\infty} x f_{X|Y}(x|Y=y) dx$$

에 의해 정의되는 실수이다.

정의 2.5.3. 다음과 같이

$$Y(s) = y\text{일 때,} \quad E[X|Y](s) = E[X|Y=y]$$

에 의하여 정의되는 확률변수 $E[X|Y]$를 Y가 주어졌을 때, X의 **조건부기댓값**이라 부른다.

정리 2.5.4. *임의의 랜덤 벡터 (X, Y)에 대하여, 다음 식이 성립한다.*

$$E[E[X|Y]] = E[X]$$

정의 2.5.5. (1) 사건 $Y = y$가 주어졌을 때, X의 **조건부분산**(conditional variance)은

$$Var(X|Y=y) = E[X^2|Y=y] - E[X|Y=y]^2$$

에 의해 정의되는 실수이다.

(2) 다음과 같이

$$Var(X|Y) = E[X^2|Y] - E[X|Y]^2$$

에 의해 정의되는 확률변수 $Var(X|Y)$를 Y가 주어졌을 때, X의 **조건부분산**이라 부른다.

정리 2.5.6. *다음 관계식이 성립한다.*

$$Var(X) = Var(E[X|Y]) + E[Var(X|Y)]$$

[예제] 2.5.7. X와 Y를 5년 주기 마지막 날의 두 주식의 가격을 나타낸다고 하자. X는 구간 $(0, 12)$에서 균등분포를 따른다. 그리고 사건 $X = x$가 주어졌을 때, Y의 조건부분포는 구간 $(0, x)$에서 균등분포를 따른다. 이 모델에 따라서 $Cov(X, Y)$를 계산하여라.

(풀이). 가정에 의하여, $0 < y < x$일 때 $f_{Y|X}(y|X = x) = 1/x$이고, $0 < x < 12$일 때 $f_X(x) = 1/12$이다. 그러므로 $0 < y < x < 12$일 때,

$$f_{X,Y}(x, y) = f_{Y|X}(y|X = x)f_X(x) = \frac{1}{12x}$$

이다. Y의 주변확률밀도함수는, $0 < y < 12$일 때,

$$f_Y(y) = \int_{-\infty}^{\infty} f_{X,Y}(x, y)dx = \int_y^{12} \frac{1}{12x}dx = \frac{1}{12}\ln\left(\frac{12}{y}\right)$$

이다. 공분산의 정의에 의하여,

$$Cov(X, Y) = E[XY] - E[X]E[Y]$$

X가 $(0, 12)$에서 균등분포를 가지므로, $E[X] = 12/2 = 6$이다. 그리고

$$E[Y] = \int_0^{12} yf_Y(y)dy = \int_0^{12} y\frac{1}{12}\ln\left(\frac{12}{y}\right)dy$$

이 식의 우변의 정적분을 직접 계산하는 것이 쉽지 않으므로, 정리 2.5.4에 있는 기댓값의 성질 $E[Y] = E[E[Y|X]]$와 $E[XY] = E[E[XY|X]]$를 이용한다. 사건 $X = x$가 주어졌을 때, Y의 조건부분포는 구간 $(0, x)$에서 균등분포를 따르므로, $E[Y|X = x] = x/2$이고 따라서 $E[Y|X] = X/2$이다. 그러므로

$$E[Y] = E[E[Y|X]] = E\left[\frac{X}{2}\right] = \frac{6}{2} = 3$$

역시 $E[XY] = E[E[XY|X]]$임을 이용하자.

$$E[XY|X] = XE[Y|X] = X \cdot \frac{X}{2} = \frac{X^2}{2}$$

이므로

$$E[XY] = E[E[XY|X]] = E\left[\frac{X^2}{2}\right] = \frac{1}{2}\int_0^{12} x^2\left(\frac{1}{12}\right)dx = 24$$

결국, $Cov(X,Y) = 24 - (6)(3) = 6$이다. □

별도의 방법으로, 만약 $h(x,y)$가 어떤 이변수함수이면, 랜덤 벡터 (X,Y)가 이산 혹은 연속의 경우에 따라서

$$E[h(X,Y)] = \begin{cases} \sum_x \sum_y h(x,y)p_{X,Y}(x,y), \\ \int_{-\infty}^{\infty}\int_{-\infty}^{\infty} h(x,y)f_{X,Y}(x,y)dxdy \end{cases}$$

가 성립한다. 이 공식에 따르면, 오직 $f_{X,Y}(x,y)$만을 이용하여 $E[X]$와 $E[Y]$, $E[XY]$ 를 구할 수 있다. 이를 위하여, $D = \{(x,y)|0 < x < 12, 0 < y < x\}$라 하자. 그러면

$$E[X] = \int\int_D xf_{X,Y}(x,y)dxdy = \int_0^{12}\left[\int_0^x x\frac{1}{12x}dy\right]dx = 6,$$
$$E[Y] = \int\int_D yf_{X,Y}(x,y)dxdy = \int_0^{12}\left[\int_0^x y\frac{1}{12x}dy\right]dx = 3$$

그리고

$$E[XY] = \int\int_D xyf_{X,Y}(x,y)dxdy = \int_0^{12}\left[\int_0^x xy\frac{1}{12x}dy\right]dx = 24$$

그러므로

$$Cov(X,Y) = E[XY] - E[X]E[Y] = 24 - (6)(3) = 6$$

[예제] 2.5.8. 연속확률변수 X가 확률밀도함수

$$f_X(x) = \begin{cases} 2x, & 0 < x < 1 \\ 0, & \text{그 외에서} \end{cases}$$

를 가지고, Y는 연속확률변수로서 사건 $\{X = x\}$가 주어졌을 때, Y의 조건부 분포함수 $F_{Y|X}(y|X = x)$가 구간 $(0, x)$에서 균등분포를 가진다고 한다. 이때 $Var(Y)$를 정리 2.5.6를 이용하여 구하여라.

(풀이). 주어진 조건에 의하면, $0 < x < 1$일 때 $f_X(x) = 2x$이고, 또 $0 < y < x$일 때 $f_{Y|X}(y|X = x) = 1/x$이다. 그러므로

$$\begin{aligned} E[Y|X = x] &= \int_{-\infty}^{\infty} y f_{Y|X}(y|X = x) dy \\ &= \int_0^x y \cdot \frac{1}{x} dy \\ &= \frac{x}{2} \end{aligned}$$

이고, 따라서 $E[Y|X] = X/2$이다. 같은 방법에 의하여

$$\begin{aligned} E[Y^2|X = x] &= \int_{-\infty}^{\infty} y^2 f_{Y|X}(y|X = x) dy \\ &= \int_0^x y^2 \cdot \frac{1}{x} dy \\ &= \frac{x^2}{3} \end{aligned}$$

이고, 따라서 $E[Y^2|X] = X^2/3$이다. 정의 2.5.5(2)에 의하여,

$$Var(Y|X) = E[Y^2|X] - E[Y|X]^2 = \frac{X^2}{3} - \left(\frac{X}{2}\right)^2 = \frac{X^2}{12}$$

이고, 따라서

$$E[Var(Y|X)] = E\left[\frac{X^2}{12}\right] = \int_0^1 \frac{x^2}{12} \cdot 2x dx = \frac{1}{24}$$

그리고

$$\begin{aligned} Var(E[Y|X]) &= Var\left(\frac{X}{2}\right) \\ &= \frac{1}{4} Var(X) = \frac{1}{4}(E[X^2] - E[X]^2) \end{aligned}$$

$$
\begin{aligned}
&= \frac{1}{4}\left\{\int_0^1 x^2 \cdot 2xdx - \left(\int_0^1 x \cdot 2xdx\right)^2\right\} \\
&= \frac{1}{4}\left\{\frac{1}{2} - \left(\frac{2}{3}\right)^2\right\} \\
&= \frac{1}{72}
\end{aligned}
$$

정리 2.5.6을 적용하면,

$$
\begin{aligned}
Var(Y) &= Var(E[Y|X]) + E[Var(Y|X)] \\
&= \frac{1}{24} + \frac{1}{72} \\
&= \frac{1}{18}
\end{aligned}
$$

을 얻는다. □

다음 정리는 보험이론에서 자주 사용하는 결과이다.

정리 2.5.9. *X_i, $i = 1, 2, \cdots$ 가 서로 독립이고 어떤 확률변수 X와 분포가 같은 확률변수열이라 하고, 확률변수 Y를*

$$Y = X_1 + X_2 + \cdots + X_N$$

과 같이 정의하자. 여기서 N은 X_j들과 독립인 어떤 확률변수이다. 이때 다음과 같은 사실이 성립한다.

(1) $E[Y] = E[N]E[X]$

(2) $Var(Y) = Var(N)E[X]^2 + E[N]Var(X)$

증명. (1) 먼저 Y의 적률생성함수 $M_Y(t)$를 구하자.

$$
\begin{aligned}
E\left[e^{tY}|N = n\right] &= E\left[\exp\left\{t\sum_{i=1}^{N} X_i\right\}|N = n\right] \\
&= E\left[\exp\left\{t\sum_{i=1}^{n} X_i\right\}\right]
\end{aligned}
$$

$$
\begin{aligned}
&= E\left[\Pi_{i=1}^{n} e^{tX_i}\right] \\
&= \Pi_{i=1}^{n} E\left[e^{tX_i}\right] \\
&= E\left[e^{tX}\right]^n \\
&= M_X(t)^n
\end{aligned}
$$

이 식으로부터,

$$E\left[e^{tY}|N\right] = M_X(t)^N$$

조건부기댓값의 성질에 의하여,

$$
\begin{aligned}
M_Y(t) &= E\left[e^{tY}\right] \\
&= E\left[E\left[e^{tY}|N\right]\right] \\
&= E\left[M_X(t)^N\right]
\end{aligned}
$$

양변을 미분하면,

$$M_Y'(t) = E\left[NM_X^{N-1}(t)M_X'(t)\right] \tag{2.5.2}$$

그러므로

$$E[Y] = M_Y'(0) = E\left[NM_X(0)^{N-1}M_X'(0)\right]$$

여기서 $M_X(0) = 1$이고 $M_X'(0) = E[X]$이므로,

$$E[Y] = E[NE[X]] = E[N]E[X]$$

(2) 등식 (2.5.2)의 양변을 다시 미분하면,

$$M_Y''(t) = E\left[N(N-1)M_X(t)^{N-2}M_X'(t)^2 + NM_X(t)^{N-1}M_X''(t)\right]$$

이고, 따라서

$$\begin{aligned}
E\left[Y^2\right] &= M_Y''(0) \\
&= E\left[N(N-1)M_X(0)^{N-2}{M_X'}^2(0) + NM_X(0)^{N-1}M_X''(0)\right] \\
&= E\left[N(N-1)E[X]^2 + NE[X^2]\right] \\
&= E\left[N\left(E[X^2] - E[X]^2\right) + N^2E[X]^2\right] \\
&= E[N]Var(X) + E[N^2]E[X]^2
\end{aligned}$$

그러므로

$$\begin{aligned}
Var(Y) &= E[Y^2] - E[Y]^2 \\
&= E[N]Var(X) + E[N^2]E[X]^2 - E[N]^2E[X]^2 \\
&= E[N]Var(X) + (E[N^2] - E[N]^2)E[X]^2 \\
&= E[N]Var(X) + Var(N)E[X]^2
\end{aligned}$$

이다. □

확률변수 X와 Y의 **결합적률생성함수**(joint moment generating function) $M_{X,Y}(u,v)$를 다음과 같이 정의한다.

$$M_{X,Y}(u,v) = E[e^{uX+vY}]$$

결합적률생성함수 $M_{X,Y}(u,v)$는 다음 성질을 만족한다.

(i) $M_{X,Y}(u,0) = M_X(u)$, $M_{X,Y}(0,v) = M_Y(v)$

(ii) $\frac{\partial}{\partial u}M_{X,Y}(u,v)|_{u=v=0} = E[X]$, $\frac{\partial}{\partial v}M_{X,Y}(u,v)|_{u=v=0} = E[Y]$

(iii) $\frac{\partial^{m+n}}{\partial^m u \partial^n v}M_{X,Y}(u,v)|_{u=v=0} = E[X^mY^n]$

(iv) X와 Y가 독립일 필요충분조건은 $M_{X,Y}(u,v) = M_X(u)M_Y(v)$, $u,v \in \mathbf{R}$이다.

[예제] 2.5.10. X와 Y를 연속확률변수라 하고, 다음과 같은 결합확률밀도함수를 가진다고 하자.

$$f_{X,Y}(x,y) = \begin{cases} e^{-x-y}, & 0 < x < \infty, 0 < y < \infty \\ 0, & \text{그 외에서} \end{cases}$$

X와 Y의 결합적률생성함수 $M_{X,Y}(u,v)$와 공분산 $Cov(X,Y)$를 구하여라.

(풀이). 결합적률생성함수의 정의에 의하여, 임의의 $u, v < 1$에 대하여,

$$\begin{aligned} M_{X,Y}(u,v) &= E[e^{uX+vY}] \\ &= \int_0^\infty \int_0^\infty e^{ux+vy} e^{-x-y} dx dy \\ &= \frac{1}{1-u} \cdot \frac{1}{1-v} \end{aligned}$$

이다. 따라서

$$E[X] = \frac{\partial M(0,0)}{\partial u} = \frac{1}{(1-u)^2} \cdot \frac{1}{1-v}|_{u=v=0} = 1,$$

$$E[Y] = \frac{\partial M(0,0)}{\partial v} = \frac{1}{1-u} \cdot \frac{1}{(1-v)^2}|_{u=v=0} = 1$$

이고

$$E[XY] = \frac{\partial^2 M(u,v)}{\partial u \partial v}|_{u=v=0} = \frac{1}{(1-u)^2} \cdot \frac{1}{(1-v)^2}|_{u=v=0} = 1$$

이다. 그러므로

$$Cov(X,Y) = E[XY] - E[X]E[Y] = 1 - 1 \times 1 = 0$$

이다. □

제 2.6 절 중심극한정리

$X_1, X_2, \cdots$을 iid 확률변수열, 즉, 분포가 같고 서로 독립인 확률변수열이라 하고,

$$Y_n = X_1 + X_2 + \cdots + X_n$$

이라 하자. 다음 중심극한정리는, $X_i, i = 1, 2, \cdots$의 분포를 모르지만, Y_n이 근사적으로 정규분포를 따른다는 것을 말한다.

정리 2.6.1. *$X_1, X_2, \cdots$을 평균 μ와 분산 σ^2을 가지는 iid 확률변수열이라 하고,*

$$Y_n = X_1 + X_2 + \cdots + X_n$$

이라 하자. 그러면

(1) *충분히 큰 n에 대하여, 근사적으로 $Y_n \sim N(n\mu, n\sigma^2)$이다. 따라서 근사적으로*

$$Z_n \equiv \frac{Y_n - n\mu}{\sqrt{n}\sigma} \sim N(0, 1^2)$$

이다. 즉,

$$\lim_{n \to 0} P(Z_n \leq z) = \Phi(z) = \int_0^z \frac{1}{2\pi} e^{-x^2/2} dx$$

이 성립한다.

(2) *$\bar{X}$를 크기 n의 표본평균, 즉,*

$$\bar{X} = \frac{1}{n}(X_1 + X_2 + \cdots + X_n)$$

이면, 근사적으로

$$\bar{X} \sim N\left(\mu, \frac{\sigma^2}{n}\right)$$

이고, 따라서

$$\frac{\bar{X} - \mu}{\sigma/\sqrt{n}} \sim N(0, 1^2)$$

이다.

문제 2.6.2. 정상적인 주사위를 420회 굴린다. 이때 나타나는 주사위의 눈의 합이 1400과 1540의 사이의 값이 될 확률은 얼마인가?

문제 2.6.3. $X \sim B(1, 0.5)$이고 $X, X_1, X_2, \cdots, X_{25}$가 iid 확률변수열이라 가정하자. 그리고 Y_{25}를

$$Y_{25} = X_1 + X_2 + \cdots + X_{25}$$

와 같이 정의할 때, $P(Y_{25} \le 12)$를 계산하여라.

참고 2.6.4. 만약 X가 평균 μ 분산 σ^2인 정수값을 가지는 확률변수이면, 확률 $P(m \le X \le n)$은 X가 정규분포를 따른다고 가정하고 확률 $P(m - 0.5 \le X \le n + 0.5)$의 값으로 근사시킬 수 있다. 즉,

$$\begin{aligned} P(m \le X \le n) &= P(m - 0.5 \le X \le n + 0.5) \\ &= P\left(\frac{m - 0.5 - \mu}{\sigma} \le \frac{X - \mu}{\sigma} \le \frac{n + 0.5 - \mu}{\sigma}\right) \\ &\approx \Phi\left(\frac{n + 0.5 - \mu}{\sigma}\right) - \Phi\left(\frac{m - 0.5 - \mu}{\sigma}\right) \end{aligned}$$

이와 같은 과정을 **연속수정법**(continuous correction)이라 부른다. 문제 2.6.3에서, Y_{25}가 정수값을 가지는 확률변수이므로, 연속수정법을 적용하면,

$$\begin{aligned} P(Y_{25} \le 12) &= P(Y_{25} < 12.5) \\ &= P\left(\frac{Y_{25} - 12.5}{2.5} \le \frac{12.5 - 12.5}{2.5}\right) \\ &\approx \Phi(0) = 0.5 \end{aligned}$$

이다. 이것은 정상적인 동전을 25번 던질 때 많아야 12번 앞면이 나올 확률값을 나타내고 있다.

제 3 장

보험에 관한 기본개념

제 3.1 절　　보험은 어떻게 이루어지는가?

현대사회에는 재산상의 손실을 입히는 많은 **위험**(risk)이 발생한다. 예를 들어,

(1) 주택 소유자는 주택화재에 의하여 생기는 경제적 손실을 입힐 수 있는 다양한 잠재적 위험에 직면한다.

(2) 자동차 운전자는 자동차가 손상을 입을 잠재적 손실에 직면한다.

(3) 어느 가정은 가족의 치과 의료비용에 의한 재산상의 손실을 입을 위험에 직면한다.

재산상의 잠재적 손실을 입을 위험에 놓인 사람은 손실의 영향을 줄이기 위하여 어떤 형태의 **보험**(insurance)에 가입한다. **보험증권**(insurance policy)은 위험에 직면한 쪽(=**보험계약자**(policyholder) 혹은 **보험가입자**(insured))과 보험회사(=**보험업자**(insurer)) 사이의 계약이다. 보험증권은 보험계약자가 일정한 금액(=**보험료**(premium))을 보험회사에 지불하고, 그 반면, 보험회사는 특정한 금액(=**보험금**(claim or benefit))으로 보상하도록 요구한다.

손실은 일반적으로 어떤 확률변수 혹은 확률변수들의 결합을 이용하여 표현된다. *특별한 언급이 없으면, 발생한 손실금액과 보상하는 보험금액은 일치한다고 가정하겠다.* 손실 혹은 보험금을 나타내는 확률변수를 X라 할 때, 보험회사의 **기대보험금**(expected claim) $E[X]$를 보험계약자의 **순보험료**(pure premium or net premium)라 부른다.

손실을 나타내는 확률변수 X에 대하여, 위험의 측도는 $\sqrt{Var(X)}$이다. 이 경우 기댓값에 대한 표준편차 $\sqrt{Var(X)}/E[X]$를 손실 X에 대한 **단위화된 위험**(unitized risk) 또는 **변동성 계수**(coefficient of variation)라 부른다.

제 3.2 절 손실을 표현하는 모델

손실을 나타내는 확률변수 X를 기술하기 위한 세 가지의 모델을 생각할 수 있다:

(I) 확률변수 X에 대한 직접적 설명이 주어지는 경우.

(II) 손실이 일어날 확률 q가 주어지고, 손실이 일어났을 때 손실금액 X의 조건부분포가 주어지는 경우. 지금부터 X의 조건부분포를 확률변수 B의 분포라 하겠다.

(III) 특정한 보험계약자에게 손실이 일어나는 횟수 N과 각 손실에 대한 보험금 B가 주어지는 경우.

이제부터 위의 각 경우에 $E[X]$와 $Var(X)$를 계산하여 보험료를 책정할 수 있도록 할 것이다.

경우 (I).

확률변수 X에 대한 직접적 설명이 주어지는 경우이다. 만약 X가 연속확률변수이면, 확률밀도함수가 $f_X(x)$인 분포함수 $F_X(x)$가 주어질 것이다. 만약 X가 이산확률변수이면, 확률질량함수 $p_X(x)$가 주어진다. 어떤 문제에서는, $E[X]$와 $Var(X)$의 값들을 이용할 때가 있는데, 경우에 따라서, X의 분포가 주어지기보다는, 오직 이 값들이 우리에게 주어진 X에 관한 유일한 정보가 되기도 한다.

[예제] 3.2.1. 사고로 사망하는 경우 특별보험금을 지급하는 일 년 기간의 생명보험을 생각하자. 명확히 말하여, 사고에 의해서 사망하면 보험금은 50,000이고, 다른 원인으로 사망하면 보험금은 25,000이다. 특정한 개인의 나이나 건강, 직업에 무관하게 그 해에 사고로 사망할 확률을 0.0005라 하고, 사고가 아닌 다른 원인으로 사망할 확률을 0.002라 가정하자.

보험금 X의 기댓값 $E[X]$와 분산 $Var(X)$를 구하여라.

(풀이). 보험금 X의 분포, 즉 확률질량함수값이 구체적으로 주어져 있다.

$$X = \begin{cases} 50,000, & \text{확률} \quad 0.0005\text{로} \\ 25,000, & \text{확률} \quad 0.002\text{로} \\ 0, & \text{확률} \quad 0.9975\text{로} \end{cases}$$

X의 기댓값과 분산의 정의에 의하여,

$$E[X] = (50,000)(0.0005) + (25,000)(0.002) + (0)(0.9975) = 75$$

이고

$$\begin{aligned} Var(X) &= E[X^2] - E[X]^2 \\ &= (50,000)^2(0.0005) + (25,000)^2(0.002) + (0)^2(0.9975) - 75^2 \\ &= 2,500,000 - 5,625 = 2,494,375 \end{aligned}$$

이다. □

경우 (II).

손실이 일어날 확률 q가 주어져 있고, 보험금액 X 대신, $F_B(x) = F_{X|I}(x|I = 1)$ 또는 $f_B(x) = f_{X|I}(x|I = 1)$에 의하여 정의된 확률변수 B의 분포 $F_B(x)$ 혹은 확률밀도함수 $f_B(x)$가 주어진 경우를 생각하자. 단,

$$I = \begin{cases} 1, & \text{손실이 일어날 때, 즉, 확률 } q\text{로} \\ 0, & \text{손실이 일어나지 않을 때, 즉, 확률 } (1-q)\text{로} \end{cases}$$

이 경우 다음 결과를 얻는다.

$$\begin{aligned} &E[X] = qE[B], \\ &Var(X) = qE[B^2] - (qE[B])^2 = q(1-q)E[B]^2 + qVar(B) \end{aligned} \tag{3.2.1}$$

이들을 증명하기 위하여 조건부기댓값의 성질을 이용한다.

$$E[X|I] = \begin{cases} E[X|I=1], & \text{확률 } P(I=1)\text{로} \\ E[X|I=0], & \text{확률 } P(I=0)\text{으로} \end{cases}$$

이므로,

$$E[E[X|I]] = E[X|I=1]P(I=1) + E[X|I=0]P(I=0) \tag{3.2.2}$$

이다. 우변의 첫째항은 다음과 같다.

$$q\int_{-\infty}^{\infty} xf_{X|I}(x|I=1)dx = q\int_{-\infty}^{\infty} xf_B(x)dx = qE[B]$$

만약 손실이 발생하지 않으면, 보험금액은 0, 즉, $X = 0$이다. 이것은 (3.2.2)의 우변의 둘째항이 0임을 의미한다. 그러므로

$$E[X] = E[E[X|I]] = qE[B]$$

이제 (3.2.1)의 두 번째 식을 증명하자. 첫 번째 식의 증명과 같은 계산에 의하여 다음이 성립한다.

$$\begin{aligned} E[E[X^2|I]] &= E[X^2|I=1]P(I=1) + E[X^2|I=0]P(I=0) \\ &= q\int_{-\infty}^{\infty} x^2 f_{X|I}(x|I=1)dx + 0 \\ &= q\int_{-\infty}^{\infty} x^2 f_B(x)dx = qE[B^2] \end{aligned}$$

그러므로

$$E[X^2] = E[E[X^2|I]] = qE[B^2]$$

이고, 따라서

$$Var(X) = E[X^2] - E[X]^2 = qE[B^2] - q^2E[B]^2$$

[예제] 3.2.2. X를 예제 3.2.1에서 서술한 보험금액을 나타내는 확률변수라 하자. 공식 (3.2.1)을 이용하여 $E[X]$와 $Var(X)$를 계산하여라.

(풀이). q를 손실이 발생할 확률, 즉, 사망의 확률이라 하고, B를 사망이 발생할 때 보험금액이라 하자. 그러면

$$\begin{aligned} q &= P(I=1) \\ &= P(I=1, X=50,000) + P(I=1, X=25,000) \\ &= 0.0005 + 0.002 = 0.0025 \end{aligned}$$

B의 확률질량함수 $p_B(x)$가, $x = 50,000$과 25,000에 대하여,

$$\begin{aligned} p_B(x) &= p_{X|I}(x|I=1) \\ &= P(X=x|I=1) \\ &= \frac{P(I=1, X=x)}{P(I=1)} \end{aligned}$$

에 의하여 주어지므로,

$$p_B(50,000) = \frac{P(I=1, X=50,000)}{P(I=1)} = \frac{0.0005}{0.0025} = 0.2$$

이고

$$p_B(25,000) = \frac{P(I=1, X=25,000)}{P(I=1)} = \frac{0.002}{0.0025} = 0.8$$

이다. 그러므로 확률변수 B는 다음과 같이 표현된다.

$$B = \begin{cases} 50,000, & \text{확률 } 0.2\text{로} \\ 25,000, & \text{확률 } 0.8\text{로} \end{cases}$$

따라서

$$E[B] = (50,000)(0.2) + (25,000)(0.8) = 30,000$$

이고

$$Var(B) = (50,000)^2(0.2) + (25,000)^2(0.8) - (30,000)^2 = 10,000^2$$

공식 (3.2.1)을 이용하면,

$$E[X] = qE[B] = (0.0025)(30,000) = 75$$

이고

$$\begin{aligned} Var(X) &= q(1-q)E[B]^2 + qVar(B) \\ &= (0.0025)(0.9975)(30,000)^2 + (0.0025)(10,000)^2 \\ &= 2,244,375 + 250,000 = 2,494,375 \end{aligned}$$

이다. □

[예제] 3.2.3. ([2]) $q = 0.01$을 화재로 손실이 발생할 확률이라 하고, 화재로 손실이 발생할 때 손실금액 B가 10,000달러에서 50,000달러까지 균등분포를 가진다고 가정한다. 손실금액 X에 대하여, $E[X]$와 $Var(X)$를 구하여라. (B는 손실이 발생하였을 때 손실금액이고, X는 손실의 발생여부와 무관한 손실금액임을 염두에 두어라.)

(풀이). $B \sim U(10000,\ 50000)$이므로

$$E[B] = \frac{10,000 + 50,000}{2} = 30,000$$

이고

$$E[B^2] = \frac{(10,000)^2 + (10,000)(50,000) + (50,000)^2}{3} = \frac{3,100,000,000}{3}$$

이다. 공식 (3.2.1)을 이용하면,

$$E[X] = qE[B] = (0.01)(30,000) = 300$$

이고

$$\begin{aligned} Var(X) &= qE[B^2] + (qE[B])^2 \\ &= (0.01)\left(\frac{3,100,000,000}{3}\right) + (0.01)^2(30,000)^2 \\ &= \frac{30,730,000}{3} \end{aligned}$$

이다. □

경우 (III).

특정한 보험계약자에게 손실이 발생하는 횟수가 음이 아닌 정수값을 가지는 확률변수 N이 주어지고 손실 당 보험금이 확률변수 B로 주어진 경우를 생각하자. 이 경우 총 손실금액 X는, $N = 0$이면 $X = 0$이고, $N \neq 0$이면

$$X = B_1 + B_2 + \cdots + B_N$$

에 의해 주어진다. 단, B_k들은 서로 독립이며 B와 분포가 같은 확률변수들이다. 이러한 조건 아래에서 다음 결과가 성립한다(정리 2.5.9를 보라).

$$\begin{aligned} E[X] &= E[N]E[B], \\ Var(X) &= Var(N)E[B]^2 + E[N]Var(B) \end{aligned} \tag{3.2.3}$$

경우 (II)는, 경우 (III)에서 N이 0과 1의 값만 가지는 확률변수로서 $E[N] = 0 \cdot (1-q) + 1 \cdot q = q$가 되는 특별한 경우이다.

[예제] 3.2.4. ([2]) 특정한 1년 동안 어떤 자동차보험계약을 위하여, 그 해 동안 발생하는 자동차 사고의 횟수 N은 모수 $p = 0.9$인 기하분포를 따르고, 자동차 사고가 일어날 때 손해보험금 B는 구간 $(0, 10000)$에서 균등분포를 따른다고 가정한다. X를 특정한 보험계약자의 총 보험금액이라 할 때, $E[X]$와 $Var(X)$를 구하여라.

(풀이). $N \sim G(0.9)$, 즉, $p_N(k) = (1-0.9)^k(0.9)$이므로,

$$E[N] = \frac{1-0.9}{0.9} = \frac{1}{9}$$

이고

$$Var(N) = \frac{1-0.9}{0.9^2} = \frac{10}{81}$$

이다. 그리고 $B \sim U(0,\ 10000)$이므로,

$$E[B] = \frac{0+10,000}{2} = 5,000$$

이고

$$Var(B) = \frac{(10,000-0)^2}{12} = 8,333,333$$

이다. 공식 (3.2.3)을 이용하면,

$$E[X] = E[N]E[B] = \frac{1}{9} \times 5,000 = 556$$

이고

$$\begin{aligned} Var(X) &= Var(N)E[B]^2 + E[N]Var(B) \\ &= \frac{10}{81} \times 5,000^2 + \frac{1}{9} \times 8,333,333 \\ &= 4,012,346 \end{aligned}$$

이다. □

제 3.3 절 보험금 총액 모델

어떤 기간 동안 보험계약자 집단에게 지불해야 하는 보험금 총액을 모델링하는 두 가지의 방법이 있다. 이들은 개별적 위험 모델과 집단적 위험 모델이다.

개별적 위험 모델(individual risk model)은 보험계약자의 수 n과 1기간 동안 각 k번째 보험계약자가 청구하는 보험금 X_k가 주어지는 모델이다. 여기서 X_k는 제 5.2절에서 기술되는 방법들 중 어느 하나의 모델로 주어지는 확률변수이다. 특별한 언급이 없으면, X_k들은 독립이라고 가정한다. 보험금 총액은 다음과 같이 주어지는 확률변수이다.

$$S = X_1 + X_2 + \cdots + X_n$$

만약 임의의 $k = 1, 2, \cdots, n$에 대하여, $E[X_k] = \mu$이고 $Var(X_k) = \sigma^2$이면, 보험금 총액의 기댓값과 분산은 다음과 같이 주어진다.

$$E[S] = \sum_{k=1}^{n} E[X_k] = n\mu, \quad Var(S) = \sum_{k=1}^{n} Var(X_k) = n\sigma^2$$

[예제] 3.3.1. ([2]) 어느 보험회사가 독립적인 1000명의 개인에게 계약한 1000건의 생명보험계약서 자료를 가지고 있다. 그 해 동안 보험계약자가 사망하면 1000달러의 보험금을 지불한다. 보험계약자 중 500명은 각 개인이 사망할 확률이 0.01이고, 나머지 500명은 각 개인이 사망할 확률이 0.02이다.
보험회사가 지불해야 하는 보험금 총액의 기댓값과 분산을 구하여라.

(풀이). S를 보험회사가 지불해야 하는 보험금 총액이라 하자. 그리고 Class I을 사망률이 0.01인 보험계약자 500명의 집단이라 하고 Class II를 사망률이 0.02인

나머지 보험계약자 500명의 집단이라 하자. 그러면

$$S = \sum_{i=1}^{1000} X_i = \sum_{\text{Class I}}^{500} X_i + \sum_{\text{Class II}}^{500} X_i,$$

$$E[S] = \sum_{\text{Class I}}^{500} E[X_i] + \sum_{\text{Class II}}^{500} E[X_i]$$

이고

$$Var(S) = \sum_{\text{Class I}}^{500} Var(X_i) + \sum_{\text{Class II}}^{500} Var(X_i)$$

임의의 $i = 1, 2, \cdots$에 대하여, 만약 X_i를 Class I에 속하는 i번째 계약자에 의해 청구된 보험금이라 하면, 다음과 같이 표현된다.

$$X_i = \begin{cases} 0, & \text{확률 } 0.99\text{로} \\ 1000, & \text{확률 } 0.01\text{로} \end{cases}$$

그러므로

$$E[X_i] = (0)(0.99) + (1000)(0.01) = 10$$

이고

$$Var(X_i) = (0)^2(0.99) + (1000)^2(0.01) - 10^2 = 9,900$$

똑 같은 계산에 의하여, 임의의 $i = 1, 2, \cdots$에 대하여, 만약 X_i를 Class II에 속하는 i번째 계약자에 의해 청구된 보험금이라 하면, $E[X_i] = 20$이고 $Var(X_i) = 19,600$임을 알 수 있다. 그러므로

$$\begin{aligned} E[S] &= \sum_{\text{Class I}}^{500} E[X_i] + \sum_{\text{Class II}}^{500} E[X_i] \\ &= \sum_{\text{Class I}}^{500} 10 + \sum_{\text{Class II}}^{500} 20 \\ &= 500 \times 10 + 500 \times 20 = 15,000 \end{aligned}$$

이고

$$\begin{aligned} Var(S) &= \sum_{\text{Class I}}^{500} Var(X_i) + \sum_{\text{Class II}}^{500} Var(X_i) \\ &= \sum_{\text{Class I}}^{500} 9,900 + \sum_{\text{Class II}}^{500} 19,600 \\ &= 500 \times 9,900 + 500 \times 19,600 = 14,750,000 \end{aligned}$$

이다. □

별도의 방법으로, 우리는 $E[X_i]$와 $Var(X_i)$를 구할 수 있다. Class I에 속하는 임의의 i번째 계약자에 대하여, $q_i = 0.01$이고 $B_i = 1,000$이므로, 공식 (5.2.1)에 의하여

$$E[X_i] = q_i E[B_i] = 0.01 \times 1,000 = 10$$

이고

$$\begin{aligned} Var(X_i) &= q_i E[B_i^2] - (q_i E[B_i])^2 \\ &= 0.01 \times 1,000^2 - (0.01 \times 1,000)^2 = 9,900 \end{aligned}$$

이다. 똑 같은 계산에 의하여, Class I에 속하는 임의의 i번째 계약자에 대하여, $E[X_i] = 20$과 $Var(X_i) = 19,600$을 얻을 수 있다.

집단적 위험 모델(collective risk model)은 1기간 동안 보험계약자의 집단이 신청하는 보험금 청구 횟수를 나타내는 음이 아닌 정수값을 가지는 확률변수 N과 i번째 보험금 Y_i가 주어진 모델이다. 이 모델에서 보험금 총액 S는, 만약 $N = 0$이면 $S = 0$이고, 만약 $N > 0$이면 다음과 같이 주어진다.

$$S = Y_1 + Y_2 + \cdots + Y_N$$

단, Y_i는 i번째 보험금이고, Y_i들은 독립이고 어떤 확률변수 Y와 분포가 동일한 확률변수들이다. 그러면 정리 2.5.9에 의하여, 다음 공식이 성립한다.

$$\begin{aligned} E[S] &= E[N]E[Y], \\ Var(S) &= Var(N)E[Y]^2 + E[N]Var(Y) \end{aligned} \tag{3.3.1}$$

여기서 N의 분포를 **빈도분포**(frequency distribution)라 부르고 Y의 분포를 **대표분포**(severity distribution)라 부른다.

[예제] 3.3.2. 보험계약기간 동안 보험금 청구 횟수 N이 모수 $p = 0.9$인 기하분포를 따르고 보험금액 Y가 구간 $(0, 10000)$에서 균등분포를 따른다고 가정하자. S를 보험금 총액이라 할 때, $E[S]$와 $Var(S)$를 구하여라.

(풀이). 이 예제의 상황은 예제 3.2.4의 상황과 수학적으로 동일하다. 예제 3.2.4에서, N은 개인이 보험금을 청구한 횟수이었고 B는 Y와 분포가 같은 확률변수로서 사고가 발생하였을 때 지불해야 하는 보험금액이었다. 그러므로 $E[S] = 556$이고 $Var(S) = 4,012,346$이다. □

보험금 총액을 나타내는 확률변수 S는 많은 수의 독립적인 보험계약자들의 손실을 나타내는 확률변수들의 합으로 정의되므로, 중심극한정리에 의하여 근사적으로 정규분포를 따른다. 즉, S는 근사적으로 $S \sim N(E[S], Var(S))$이다. 그러므로 $P(S \le Q) = 0.95$를 만족하는 Q를 구할 수 있다. 실제로,

$$0.95 = P(S \le Q) = P\left(\frac{S - E[S]}{\sqrt{Var(S)}} \le \frac{Q - E[S]}{\sqrt{Var(S)}}\right)$$

에서, 표준정규분포표를 이용하면, $(Q - E[S])/\sqrt{Var(S)} = 1.645$이고, 따라서 $Q = E[S] + 1.645\sqrt{Var(S)}$이다. 금액 Q를 보험회사가 보험계약자들로부터 받아야하는 **보험료의 합계**(total premium)라 부른다.

보험금 총액 S에 대하여, 보험료의 합계 Q는 때때로 다음과 같은 형태로 정의한다.

$$Q = (1+\theta)E[S]$$

여기서 상수 θ를 보험료에 포함된 **상대적 안전 부가율**이라 부른다. 그러므로 보험료 합계는 보험금 총액의 기댓값 $E[S]$와 보험금 총액의 기댓값에 부가율을 곱한 값 $\theta \cdot E[S]$의 합으로 나타난다고 말할 수 있다.

[예제] 3.3.3. ([1]) 어느 생명보험회사가 사망률이 0.02 혹은 0.10인 사람들에게 사망시에 1단위와 2단위의 보험금을 지불하는 1년짜리 생명보험상품을 팔고 있다. 다음 표는 네 부류 중 각 $k = 1, 2, 3, 4$에 대하여, k번째 부류에 속한 계약자의 수 n_k, 그리고 이 부류에 속한 사람의 사망률 q_k와 사망보험금 B_k를 나타낸 것이다.

k번째 부류	k번째 부류에 속한 계약자의 수 (n_k)	k번째 부류에 속한 계약자의 사망률 (q_k)	k번째 부류에 속한 계약자의 사망보험금 (B_k)
1	500	0.02	1
2	500	0.02	2
3	300	0.10	1
4	500	0.10	2

이 보험회사는 1,800명의 보험계약자들로부터 거두어 들이는 보험료의 합계를 보험금 총액의 분포의 95퍼센트 점이 되도록 정하기를 원한다.

상대적 안전 부가율 θ의 값을 계산하여라.

(풀이). $S = X_1 + X_2 + \cdots + X_{1800}$이라 할 때, 다음 등식

$$P(S \leq (1+\theta)E[S]) = 0.95$$

를 만족하는 θ를 구하면 된다. 이 등식은 다음과 동일하다.

$$P\left(\frac{S - E[S]}{\sqrt{Var(S)}} \leq \frac{\theta E[S]}{\sqrt{Var(S)}}\right) = 0.95$$

중심극한정리와 표준정규분포표에 의하여, 다음 값을 얻을 수 있다.

$$\frac{\theta E[S]}{\sqrt{Var(S)}} = 1.645$$

이 식에서 θ를 구하기 위하여 S의 기댓값과 분산을 구하기만 하면 된다. k번째 부류에 속하는 계약자 중 j번째 계약자에 대하여, $B_j = b_k =$ 상수(1 또는 2)이므로, $E[B_j] = b_k$이고 $Var(B_j) = 0$이다. 그러므로 k번째 부류에 속하는 계약자 중 j번째 계약자에 대하여, 다음과 같이 보험금의 기댓값과 분산이 주어진다.

$$E[X_j] = q_k E[B_j] = q_k b_k$$

그리고

$$Var(X_j) = g_k(1 - q_k)E[B_j]^2 + q_k Var(B_j) = g_k(1 - q_k)b_k^2$$

이들 공식을 적용하여 각 부류별로 나타내면 다음 표와 같이 된다.

k	n_k	q_k	$B_k = b_k$	$E[X_k]$	$Var(X_k)$
1	500	0.02	1	0.02	0.0196
2	500	0.02	2	0.04	0.0784
3	300	0.10	1	0.10	0.0900
4	500	0.10	2	0.20	0.3600

따라서

$$E[S] = \sum_{j=1}^{1800} E[X_j] = \sum_{k=1}^{4} n_k E[X_k] = 160$$

이고

$$Var(S) = \sum_{j=1}^{1800} Var(X_j) = \sum_{k=1}^{4} n_k Var(X_k) = 256 = 16^2$$

이다. 그러므로 구하는 상대적 안전 부가율은

$$\theta = 1.645 \frac{\sqrt{Var(S)}}{E[S]} = 1.645 \frac{16}{160} = 0.1645$$

이다. □

[예제] 3.3.4. ([1]) 어떤 자동차 보험회사의 보험고객은 아래의 표와 같이 두 개의 부류로 나누어 진다.

k번째 부류	k번째 부류에 속한 계약자의 수 n_k	k번째 부류에 속한 계약자의 사고율 q_k	사고가 발생할 때 보험금의 분포 $B_k \sim TE(\lambda_k, L_k)$ λ_k	L_k
1	500	0.10	1	2.5
2	2,000	0.05	2	5.0

보험금의 합계가 보험고객들로부터 납부받은 보험료의 합계를 초과할 확률이 0.05이다. 두 부류에 대하여 상대적 안전 부가율 θ는 동일하게 적용한다고 가정한다. θ를 구하여라.

(풀이). 이 예제는 바로 위의 예제와 별 차이가 없다. 단지 이들의 차이는 손실이 발생했을 때 보험금액이 상수가 아니고 확률변수라는 사실이다. 참고 2.3.12에 의하여, 만약 $B \sim TE(\lambda, L)$이면,

$$E[B] = \frac{1 - e^{-\lambda L}}{\lambda}$$

이고

$$Var(B) = \frac{1 - 2\lambda L e^{-\lambda L} - e^{-2\lambda L}}{\lambda^2}$$

주어진 모수의 값들을 사용하고 등식 (3.2.1)에 있는 공식을 적용하면, 다음과 같은 결과를 얻는다.

k	n_k	q_k	$E[B_k]$	$Var(B_k)$	$E[X_k]$	$Var(X_k)$
1	500	0.10	0.9179	0.5828	0.09179	0.13411
2	2,000	0.05	0.2498	0.2498	0.02500	0.02436

따라서 보험금 총액 S는 기댓값

$$E[S] = \sum_{j=1}^{2500} E[X_j] = \sum_{k=1}^{2} n_k E[X_k]$$

$$= 500(0.09179) + 2,000(0.02500) = 95.89$$

와 분산

$$Var(S) = \sum_{j=1}^{2500} Var(X_j) = \sum_{k=1}^{2} n_k Var(X_k)$$

$$= 500(0.13411) + 2,000(0.02436) = 115.78$$

을 가진다. 예제 3.3.3에서와 같이 상대적 안전 부가율 θ에 관한 다음과 같은 평가식을 이용하자.

$$P(S \leq (1+\theta)E[S]) = 1 - 0.05 = 0.95$$

다시 정규근사를 이용하면

$$\frac{\theta E[S]}{\sqrt{Var(S)}} = 1.645$$

이고, 따라서

$$\theta = \frac{1.645\sqrt{115.78}}{95.89} = 0.1846$$

이다. □

제 3.4 절 손실에 대한 보상범위의 조절

보험회사가 보험고객에게 발생한 손실금액의 전부가 아닌 일부분만 보상하도록 계약할 수 있다. 지금 X를 보험고객에게 발생한 손실금액을 나타내는 확률변수라 하자. X는 **기본손실**(ground-up loss)로 알려져 있다. 기본손실 X에 대하여, 공제금액 초과분 손해보험, 보험한도액 그리고 비례특약보험 등과 같이 일부분만 보상하는 표준 형태의 보험모델이 있다.

공제금액 초과분 손해보험(excess-of-loss insurance)은 **보험공제금액**(deductible amount) d를 조건으로 명기한다. 이 경우, 만약 손실 X가 발생하면, 보험회사가 보상하는 금액은

$$Y_l = \begin{cases} 0, & X \le d\text{일 때} \\ X - d, & X > d\text{일 때} \end{cases}$$

이다. 여기서 Y_l은 **손실발생건당 보험금**(amount paid per loss)이고 $Y_c = (X - d)|_{X>d}$는 **보험금 청구건당 보험금**(amount paid per claim) 즉, 보험금 지불건당 보험금이다.

참고 3.4.1. 분명히 발생한 손실금액 X는 다음과 같이 표현된다.

$$X = Y_l + Y_r$$

단, Y_l는 보험회사가 지불해야하는 보험금이고

$$Y_r = \begin{cases} X, & X \le d\text{일 때} \\ d, & X > d\text{일 때} \end{cases}$$

이다. 이 경우 Y_r는 보상받지 못하고 고객이 그대로 보유하는 **보유손실**(retained loss)이라 불리는데, 이 금액은 보험회사가 지불하지 않는다.

참고 3.4.2. 청구된 보험금 총액 S에 대하여, **공제금액 지정 손해보험**(stop-loss insurance)은 보험공제금액 d를 조건으로 명기한다. 이 경우 보험회사가 지불해야 하는 보험금은 다음과 같다.

$$Y_l = \begin{cases} 0, & S \le d\text{일 때} \\ S - d, & S > d\text{일 때} \end{cases}$$

공제금액 지정 손해보험은 공제금액 초과분 손해보험과 수학적으로 똑같다. 다만 공제금액 지정 손해보험은 집단에 의해 청구된 보험금 총액에 적용하고, 공제금액 초과분 손해보험은 개인에 의해 청구된 보험금에 적용한다.

두 종류 형태의 공제금이 있다. 첫째로, **면책공제금**(franchise deductible) d가 손실 X에 적용된다는 뜻은 손실당 보험회사가 지불해야 하는 보험금은 다음과 같다는 의미이다.

$$Y_l = \begin{cases} 0, & X \le d\text{일 때} \\ X, & X > d\text{일 때} \end{cases}$$

둘째로, 만약 하한 d_1과 상한 d_2인 **소멸공제금**(disappearing deductible)이 손실 X에 적용된다는 뜻은 손실당 보험회사가 지불해야 하는 보험금은 다음과 같다는 의미이다.

$$Y_l = \begin{cases} 0, & X \le d_1\text{일 때} \\ d_2(X - d_1)/(d_2 - d_1), & d_1 < X \le d_2\text{일 때} \\ X, & X > d_2\text{일 때} \end{cases}$$

손실 X에 **보험금 한도**(policy limit) u를 적용한다는 뜻은 지불하는 보험금의 최댓값이 u라는 의미이다. 이 경우, 보험회사가 지불해야 하는 손실발생/보험금 청구건당 보험금 $Y_l = Y_c$는 다음과 같다.

$$Y_l = \min\{X, u\} = \begin{cases} X, & X \le u\text{일 때} \\ u, & X > u\text{일 때} \end{cases}$$

이 경우, 만약 임의의 $x \le a$에 대하여 $f_X(x) = 0$이면, 다음 식이 성립한다.

$$\begin{aligned} E[Y_l] &= \int_a^u x f_X(x)dx + u(1 - F_X(u)) \\ &= a + \int_a^u (1 - F_X(x))dx \end{aligned} \tag{3.4.1}$$

실제로 증명해 보자. Y_l의 정의에 의하여, Y_l은 영역 $\{X \le u\}$에서 X의 확률밀도함수를 가지고 $\{X > u\} = \{Y_l = u\}$에서 확률질량함수를 가진다. 그러므로

$$\begin{aligned} E[Y_l] &= \int_a^u x f_X(x)dx + uP(Y_l = u) \\ &= \int_a^u x f_X(x)dx + uP(X > u) \\ &= \int_a^u x f_X(x)dx + u(1 - F_X(u)) \end{aligned}$$

여기서 우변은 다음과 같다.

$$\begin{aligned} &\int_a^u x F_X'(x)dx + u - uF_X(u) \\ &= [xF_X(x)]_a^u - \int_a^u F_X(x)dx + \int_a^u 1dx + a - uF_X(u) \\ &= a + \int_a^u (1 - F_X(x))dx \end{aligned}$$

마지막 등식은 $F_X(a) = 0$이라는 사실에 의하여 성립한다.

공제금액 초과분 손해보험을 보험금 한도와 결합하여 적용할 수 있다. 만약 보험공제금액 d와 보험금 한도 u를 손실 X에 적용하면, 보험회사가 보상해야 하는 보험금은 다음과 같이 된다.

$$Y_l = \begin{cases} 0, & X \le d\text{일 때} \\ X - d, & d < X \le u\text{일 때} \\ u - d, & X > u\text{일 때} \end{cases}$$

이 경우, 바로 위의 경우와 같은 방법에 의하여, 다음 공식을 얻을 수 있다.

$$E[Y_l] = \int_d^u (x-d) f_X(x)dx + (u-d)(1-F_X(u))$$
$$= \int_d^u (1-F_X(x))dx$$

보험금 상한(insurance cap) m은 손실이 발생한 보험고객에게 지불해야 하는 보험금의 최고 한도 금액이다. 보험금 한도 u가 손실 X에 적용되는 경우, 다음 식이 성립한다.

$$m = \begin{cases} u, & \text{보험공제금을 적용하지 않을 때} \\ u-d, & \text{보험공제금 } d\text{를 적용할 때} \end{cases}$$

비례특약보험(proportional insurance)은 비례상수 α를 조건으로 명기한다. 단, $0 < \alpha < 1$이다. 이 경우, 만약 X가 발생하면, 보험회사는 보험계약자에게 보험금 αX를 지불한다. 즉, $Y_l = Y_c = \alpha X$이다.

제 3.5 절 재보험

보험회사가 보험고객들이 청구한 보험금을 완전하게 보상할 수 없을 때, **양도보험회사**(ceding insurer)라 불리는, 이 보험회사는 **재보험회사**(reinsurer)로부터 재보험계약을 한다. 양도보험회사가 보상하는 보험금은 양도보험회사 고객을 위해 보유해야 하므로 **보유보험금**(retained claims)이라 부르고 재보험회사가 보상하는 보험금을 **재보험금**(reinsured claim) 혹은 양도보험회사가 양도한 **양도보험금**(ceded claim)이라 부른다.

공제금액 지정 손해재보험(stop-loss reinsurance)은 보험공제금액 d를 조건으로 명기한다. 만약 보험금 총액 S가 d보다 작으면, 재보험회사는 아무 것도 지불하지 않고 양도보험회사가 보험고객에게 보유보험금 S를 지불한다. 그러나 만약 $S > d$이면, 재보험회사는 양도보험금 $S - d$를 지불하고 양도보험회사는 보유보험금 d를 지불한다. 그러므로 다음 식이 성립한다.

$$S = (S_r : \text{보유보험금}) + (S_c : \text{양도보험금}) = \min(S, d) + (S - d)_+$$

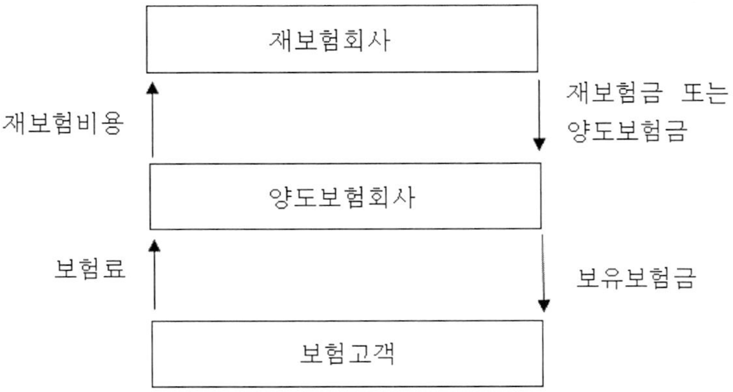

그림 3.5.1: 보험과 재보험

재보험금 상한(reinsurance cap) m은 재보험회사가 지불해야 하는 보험금의 최고 금액이다. 이것은 공제금액 d로 지정한 손해재보험과 결합하여 설정되기도 한다. 이 경우 재보험회사가 지불해야 하는 양도보험금 S_c는 다음과 같이 주어진다.

$$S_c = \begin{cases} 0, & S \le d \\ S - d, & d < S \le d + m \\ m, & S > d + m \end{cases}$$

비례특약재보험(proportional reinsurance)은 비례상수 α를 조건으로 명기한다. 단, $0 < \alpha < 1$이다. 만약 보험금 총액이 S이면, 재보험회사는 αS를 지불하고 양도보험회사는 $(1 - \alpha)S$를 지불한다. 즉,

$$S = S_r + S_c = \alpha S + (1 - \alpha)S$$

[예제] 3.5.1. ([2]) 어느 생명보험회사에 서로 독립인 16,000명의 고객이 일 년짜리 생명보험을 계약한다.

부류	보험금액	계약인원	보험청구율
1	1	8000	0.025
2	2	3500	0.025
3	4	4500	0.025

이 보험회사의 각 고객 당 보유보험금 한도는 2단위이다. 각 단위 당 재보험 비용은 0.03이다. 이 양도보험회사는 고객들로부터 $Q = E[S_r] + 2\sqrt{Var(S_r)} + R$에 의해 보험료를 납부받는다. 단, S_r은 보유보험금이고 R은 재보험 비용이다. 이때 Q를 구하여라.

(풀이). 양도보험회사는 부류 1과 부류 2에 속하는 모든 계약자로부터 청구되는 보험금의 전액과 부류 3에 속하는 계약자로부터 청구되는 보험금의 처음 2단위를 감당할 수 있다. 그래서 양도보험회사는 보험금이 4단위인 부류 3의 4,500명의 고객의 보험금 중 2단위를 재보험에 들어야 한다. 즉, $4,500 \times 2$=9,000단위를 재보험에 들어야 한다. 이때 재보험 가입에 필요한 경비는 $R = 0.03 \times 9,000 = 270$이다. 이제 식 $Q = E[S_r] + 2\sqrt{Var(S_r)} + R$에 의하여 Q를 계산하기 위하여 S_r을 구하는 일이 남았다. 부류 k에 속하는 임의의 j번째 고객에 대하여, $B_j = b_k =$ 상수 1 또는 2이므로, $E[B_j] = b_k$이고 $Var(B_j) = 0$이다. 따라서 부류 k에 속하는 임의의 j번째 고객에 대하여, 다음 결과를 얻을 수 있다.

$$E[X_j] = q_k E[B_j] = q_k b_k$$

그리고

$$Var(X_j) = g_k(1 - q_k)E[B_j]^2 + q_k Var(B_j) = g_k(1 - q_k)b_k^2$$

이들 식을 세 부류의 고객들에게 적용하면 다음과 같은 표를 얻을 수 있다.

k	n_k	q_k	$B_k = b_k$	$E[X_k]$	$Var(X_k)$
1	8000	0.025	1	0.025	0.024375
2	3500	0.025	2	0.050	0.097500
3	4500	0.025	2	0.050	0.097500

그러면

$$\begin{aligned} E[S_r] &= \sum_{j=1}^{16000} E[X_j] = \sum_{k=1}^{3} n_k E[X_k] \\ &= (8000)(0.025) + (3500)(0.050) + (4500)(0.050) \\ &= 600 \end{aligned}$$

이고

$$\begin{aligned} Var(S_r) &= \sum_{j=1}^{16000} Var(X_j) = \sum_{k=1}^{3} n_k Var(X_k) \\ &= (8000)(0.024375) + (3500)(0.097500) + (4500)(0.097500) \\ &= 975 \end{aligned}$$

이다. 결국 이 양도보험회사가 고객들로부터 납부받아야 하는 보험료의 합은

$$\begin{aligned} Q &= E[S_r] + 2\sqrt{Var(S_r)} + R \\ &= 600 + 2\sqrt{975} + 270 \\ &= 932.45 \end{aligned}$$

이다. □

제 4 장

생존 모델

제 4.1 절 생존 모델의 기본개념

갓난 아기가 사망할 때까지의 시간 혹은 사람이 태어나서 죽을 때까지의 시간을 사람의 **수명**(life time)이라 부른다. 수명을 나타내는 확률변수를 포함하는 확률적 모델을 총칭하여 **생존모델**(survival model)이라 부른다. 생존모델은 생명보험이나 연금의 보험료 산정에 밀접한 관계가 있으므로 매우 중요하다.

정의 4.1.1. 사람의 수명을 나타내는 확률변수 X에 대하여, $F_X(x)$와 $f_X(x)$를 각각 X의 분포함수와 확률밀도함수라 하자. 즉,

$$F_X(x) = P(X \le x) = P(\text{갓난 아기가 } x\text{년 이내에 사망}) = \int_0^x f_X(u)du$$

이때

$$s_X(x) = 1 - F_X(x) = P(X > x)$$

를 X의 **생존함수**(survival function)라 부른다.

참고 4.1.2. 다음 결과가 성립한다.

(1) $P(x < X \le z) = F_X(z) - F_X(x) = s_X(x) - s_X(z)$

$$(2)\ P(x < X \le z \mid X > x) = \frac{P(x < X \le z)}{P(X > x)} = \frac{F_X(z) - F_X(x)}{1 - F_X(x)}$$
$$= \frac{s_X(x) - s_X(z)}{s_X(x)}$$

정의 4.1.3. 다음과 같이

$$\mu_X(x) = \frac{f_X(x)}{1 - F_X(x)} = \frac{f_X(x)}{s_X(x)} = -\frac{s'_X(x)}{s_X(x)} = -[\ln s_X(x)]'$$

혹은

$$s_X(x) = \exp\left\{-\int_0^x \mu_X(s)ds\right\}$$

에 의하여 정의된 음이 아닌 함수 $\mu_X(x)$를 x세 사람의 **사력**(force of mortality)이라 부른다. 일반적인 생존모델(나중에 언급함)에서는 이것을 연속확률변수 X의 **위험률**(hazard rate) 혹은 **고장률**(failure rate)이라 부른다. 참고로,

$$\begin{aligned}
\mu_X(x) &= -\frac{s'_X(x)}{s_X(x)} \\
&= -\lim_{\epsilon \to 0} \frac{s_X(x+\epsilon) - s_X(x)}{\epsilon} \cdot \frac{1}{s_X(x)} \\
&= \lim_{\epsilon \to 0} \frac{s_X(x) - s_X(x+\epsilon)}{\epsilon s_X(x)} \\
&= \lim_{\epsilon \to 0} \frac{P(x \le X \le x+\epsilon)}{\epsilon P(X \ge x)} \\
&= \lim_{\epsilon \to 0} \frac{P(x \le X \le x+\epsilon | X \ge x)}{\epsilon}
\end{aligned}$$

이므로, 어떤 학자는

$$\mu_X(x) = \lim_{\epsilon \to 0} \frac{P(x \le X \le x+\epsilon | X \ge x)}{\epsilon}$$

를 정의로 사용한다.

[예제] 4.1.4. < SOA 2002-11-1 >. 생존함수 $s_X(x)$가 다음 조건을 만족한다.

$$s_X(x) = \begin{cases} 1, & 0 \le x \le 1 \\ 1 - \frac{e^x}{100}, & 1 \le x \le 4.5 \\ 0, & 4.5 \le x \end{cases}$$

이때 $\mu_X(4)$를 계산하여라.

(풀이). 정의 4.1.3에 의하여

$$\mu_X(x) = -\frac{s'_X(x)}{s_X(x)}$$

이므로 $\mu_X(4)$를 구하기 위하여 범위 $1 \le x \le 4.5$에서 $s_X(x)$의 정의를 이용하여야 한다. 즉, $s_X(x) = 1 - \frac{e^x}{100}$이므로 $s'_X(x) = \frac{-e^x}{100}$이다. 그러므로

$$\mu_X(4) = \frac{-s'_X(4)}{s_X(4)} = \frac{\frac{e^4}{100}}{1 - \frac{e^4}{100}} = \frac{e^4}{100 - e^4} = 1.203$$

이다. □

[예제] 4.1.5. < CAS 2004-11-4 >. 다음 중 사력으로 이용할 수 있는 함수를 전부 골라라.

(1) $\mu(x) = BC^x, \ B > 0, \ C > 1$

(2) $\mu(x) = a(b + x)^{-1}, \ a, b > 1$

(3) $\mu(x) = (1 + x)^{-3}, \ x > 1$

(풀이). $\mu_X(x)$가 사력함수가 되기 위하여,

(i) $\mu_X(x) > 0, \forall x$

(ii) $\int_0^\infty \mu_X(x)dx = \infty$

가 되어야 한다. 조건 (ii)가 성립해야 하는 이유는 다음과 같다.

$$\begin{aligned} 1 - P(X \le x) = 1 - F_X(x) &= s_X(x) \\ &= \exp\left(-\int_0^x \mu(t)dt\right) \end{aligned}$$

이다. 양변에 $\lim_{x\to\infty}$를 취하면, $g(x) = e^x$가 연속이므로

$$\begin{aligned} 0 &= \lim_{x\to\infty} \exp\left(-\int_0^x \mu(t)dt\right) \\ &= \exp\left(-\lim_{x\to\infty}\int_0^x \mu(t)dt\right) \\ &= \exp\left(-\int_0^\infty \mu(t)dt\right) \end{aligned}$$

이고, 따라서 $\int_0^\infty \mu(x)dx = \infty$이다. 이들 두 조건 (i), (ii)를 만족하는 함수는 (1)과 (2)이다. 실제로 확인해 보자.

(1) $\mu(x) = BC^x$에서 양변에 ln을 취하면 $\ln \mu(x) = \ln B + x \ln C$이다. 양변을 x에 관하여 미분하면 $\frac{1}{\mu(x)}\mu'(x) = \ln C$이므로

$$\mu(x) = \frac{\mu'(x)}{\ln C} = \left[\frac{\mu(x)}{\ln C}\right]'$$

따라서

$$\begin{aligned} \int_0^\infty BC^x dx &= \int_0^\infty \mu(x)dx \\ &= \int_0^\infty \left[\frac{\mu(x)}{\ln C}\right]' dx = \left[\frac{\mu(x)}{\ln C}\right]_0^\infty = \left[\frac{BC^x}{\ln C}\right]_0^\infty = \infty \end{aligned}$$

이다.

(2) 적분하면

$$\int_0^\infty \frac{a}{b+x}dx = [a\ln(x+b)]_0^\infty = \infty$$

(3) 적분하면

$$\int_0^\infty \frac{1}{(1+x)^3}dx = \left[-\frac{1}{2}(x+1)^{-2}\right]_0^\infty = \frac{1}{2}$$

이다. □

정의 4.1.6. (1) 임의의 실수 x에 대하여, $T(x) = (X-x)|_{\{X>x\}}$, 즉, 분포가

$$P(T(x) \le t) = P(X - x \le t \mid X > x) = P(X \le x + t \mid X > x)$$

에 의해 주어지는 연속확률변수 $T(x)$를 나이 x세 사람의 **여명**(future life time)이라 부른다.

(2) x세 사람이 앞으로 n년 이내에 사망할 조건부확률을 ${}_nq_x$로 나타내고, x세 사람이 앞으로 n년 이상 생존할 조건부확률을 ${}_np_x$로 표기한다. 즉,

$$
\begin{aligned}
{}_nq_x &= P(X - x \le n \mid X > x) = P(T(x) \le n) = F_{T(x)}(n) \\
{}_np_x &= 1 - {}_nq_x = P(T(x) > n) = s_{T(x)}(n)
\end{aligned}
$$

이들은 보험수학에서 주로 사용하는 기호이다.

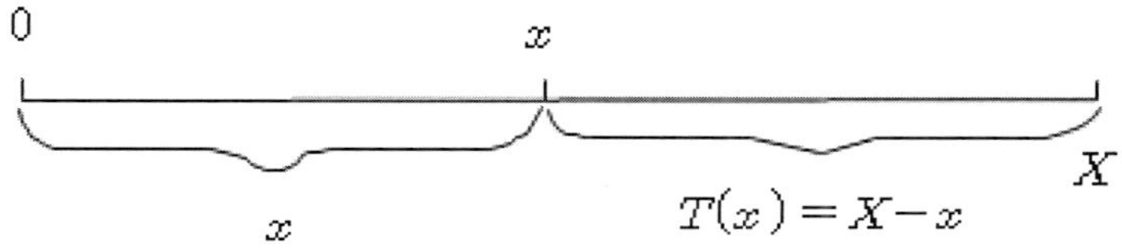

그림 4.1.1: 여명 $T(x)$

참고 4.1.7. (1) $T(0) = X$이므로 ${}_np_0 = P(T(0) > n) = P(X > n) = s_X(n)$이다.

(2) $n = 1$인 경우 ${}_1q_x$와 ${}_1p_x$에서 첨자 1을 생략하고 q_x와 p_x라 쓴다. 즉,

$$
\begin{aligned}
q_x &= P(x\text{세 사람이 1년 이내에 사망}) \\
p_x &= P(x\text{세 사람이 1년 이상 생존}) \\
&= P(x\text{세 사람이 } (x+1)\text{세까지 생존})
\end{aligned}
$$

(3) $T(x)$의 분포함수와 밀도함수는 다음과 같이 주어진다.

$$
\begin{aligned}
F_{T(x)}(t) &= P(X \le x + t \mid X > x) = \frac{F_X(x+t) - F_X(x)}{s_X(x)}, \\
f_{T(x)}(t) &= F'_{T(x)}(t) = \frac{d}{dt}\left(\frac{F_X(x+t) - F_X(x)}{s_X(x)}\right) \\
&= \frac{f_X(x+t)}{s_X(x)} = \frac{s_X(x+t)\mu_X(x+t)}{s_X(x)} \\
&= {}_tp_x \cdot \mu_X(x+t)
\end{aligned}
$$

위의 식에서 마지막 등호는

$$ {}_tp_x = P(T(x) > t) = P(X - x > t | X > x) = \frac{P(X > x+t)}{P(X > x)} = \frac{s_X(x+t)}{s_X(x)} $$

로부터 성립한다.

정의 4.1.8. x세 사람이 n년 이상 생존한 이후부터 m년 이내에 사망할 확률, 혹은 다른 표현으로 $(x+n)$세와 $(x+n+m)$세 사이에 사망할 확률을 ${}_{n|m}q_x$로 표기한다. 즉,

$$ {}_{n|m}q_x = P(n \le T(x) \le n+m) $$

만약 $m=1$인 경우 ${}_{n|1}q_x$에서 1을 생략하고 ${}_{n|}q_x$라 쓴다.

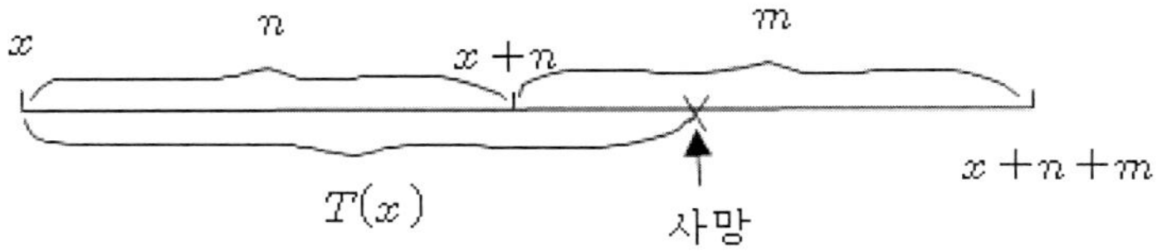

그림 4.1.2: $(x+n)$세와 $(x+n+m)$세 사이에 사망

참고 4.1.9. 다음이 성립한다.

(1) $$ {}_np_x = P(T(x) > n) = P(X - x > n \mid X > x) = \frac{P(X > x+n)}{P(X > x)} = \frac{1 - F_X(x+n)}{1 - F_X(x)} = \frac{s_X(x+n)}{s_X(x)} $$

(2) $$ {}_nq_x = 1 - \frac{s_X(x+n)}{s_X(x)} = \frac{s_X(x) - s_X(x+n)}{s_X(x)} $$

이들 공식으로부터 다음 관계식도 얻을 수 있다.

(3) $$ {}_{n|m}q_x = \frac{s_X(x+n) - s_X(x+n+m)}{s_X(x)} = \frac{s_X(x+n)}{s_X(x)} \frac{s_X(x+n) - s_X(x+n+m)}{s_X(x+n)} = {}_np_x \ {}_mq_{x+n} $$

위의 식에서 첫번째 등호는 (1)식에 의하여

$$\begin{aligned} {}_{n|m}q_x &= P(n \le T \le n+m) = P(T \le n+m) - P(T \le n) \\ &= P(T > n) - P(T > n+m) \\ &= \frac{s_X(x+n) - s_X(x+n+m)}{s_X(x)} \end{aligned}$$

으로부터 성립한다.

[예제] 4.1.10. < SOA 2000-11-36 >. 다음 조건이 주어져 있다.

(i) $\mu_X(x) = A + e^{2x}, \quad x \ge 0$

(ii) ${}_{0.4}p_0 = 0.5$

이때 상수 A를 구하여라.

(풀이). 참고 4.1.7에 의하여

$$\begin{aligned} 0.5 = {}_{0.4}p_0 = s_X(0.4) &= \exp\left(-\int_0^{0.4} \mu_X(x)dx\right) \\ &= \exp\left(-\int_0^{0.4} (A + e^{2x})dx\right) \\ &= \exp\left(\left[-Ax + \frac{1}{2}e^{2x}\right]_0^{0.4}\right) \\ &= e^{-0.4A-1.11277+0.5} \\ &= e^{-0.4A-0.61277} \end{aligned}$$

양변에 ln을 취하면

$$-0.69315 = \ln(0.5) = -0.4A - 0.61277$$

이므로

$$A = \frac{0.08038}{0.4} = 0.20$$

을 얻는다. □

[예제] 4.1.11. < SOA 2002-11-35 >. 다음 조건이 주어져 있다.

(i) $R = 1 - \exp\{-\int_0^1 \mu_x(t)dt\}$

(ii) $S = 1 - \exp\{-\int_0^1 (\mu_x(t) + k)dt\}$

(iii) k는 $S = 0.75R$를 만족하는 상수

이때 상수 k를 q_x로 표현하여라. 단, $\mu_x(t)$는 나이 $x+t$세 사람의 사력이다. 즉, $\mu_x(t) = \mu_X(x+t)$이다.

(풀이). 조건 (i)로부터

$$\begin{aligned} R &= 1 - \exp\left(-\int_0^1 \mu_x(t)dt\right) \\ &= 1 - \exp\left(-\int_0^1 \mu_X(x+t)dt\right) \end{aligned}$$

에서, 먼저 $\exp\left(-\int_0^1 \mu_X(x+t)dt\right)$를 계산하자.

$$\begin{aligned} \exp\left(-\int_0^1 \mu_X(x+t)dt\right) &= \exp\left(-\int_x^{x+1} \mu_X(s)ds\right) \\ &= \exp\left(-\int_0^{x+1} \mu_X(s)ds - \int_0^x \mu_X(s)ds\right) \\ &= \exp\left(-\int_0^{x+1} \mu_X(s)ds\right) \cdot \exp\left(-\int_0^x \mu_X(s)ds\right) \\ &= \frac{s_X(x+1)}{s_X(x)} = {}_1p_x = p_x \end{aligned}$$

그러므로 $R = 1 - p_x = q_x$이다. 그리고

$$\begin{aligned} S &= 1 - \exp\left(-\int_0^1 (\mu_x(t) + k)dt\right) \\ &= 1 - \exp\left(-\int_0^1 \mu_x(t)dt\right) \cdot \exp\left(-\int_0^1 kdt\right) \\ &= 1 - p_x \cdot e^{-k} \end{aligned}$$

가정 (iii)에 의하여 $1 - p_x \cdot e^{-k} = 0.75q_x$이므로 $e^k = \dfrac{1-q_x}{1-0.75q_x}$이다. 따라서

$$k = \ln\left(\frac{1-q_x}{1-0.75q_x}\right)$$

이다. □

문제 4.1.12. 다음과 같이 사력함수가 주어져 있다.

$$\mu_X(x) = \frac{1}{1+x}, \quad x \geq 0$$

이때 ${}_{10}q_0$을 계산하여라. (${}_{10}q_0$은 갓난아기가 10년 이내에 사망할 확률이다.)

정의 4.1.13. 1세 미만, 즉, 0세 갓난 아기의 집단 S의 크기를 l_0이라 두자. 이 중 x세까지 생존할 아기의 수를 $\mathcal{L}_x$로 표기하자. 분명히

$$\begin{aligned} P(\mathcal{L}_x = k) &= \binom{l_0}{k} P(X \geq x)^k P(X < x)^{l_0 - k} \\ &= \binom{l_0}{k} s_X(x)^k (1 - s_X(x))^{l_0 - k} \end{aligned}$$

이므로 $\mathcal{L}_x \sim B(l_0, s_X(x))$이다. $l_x = E[\mathcal{L}_x]$라 정의한다. 분명히 $l_x = l_0 s_X(x)$ 혹은 $s_X(x) = l_x/l_0$가 성립한다. S의 모든 아기가 사망할 때까지의 시간을 ω로 표기한다. 이때 $l_\omega = 0$이다.

정의 4.1.14. l_0명 중 x세와 $x+n$세 사이에 사망할 아기의 수를 ${}_n\mathcal{D}_x$로 표기하자. 분명히

$$\begin{aligned} P({}_n\mathcal{D}_x = k) &= \binom{l_0}{k} P(X \in [x, x+n))^k (1 - P(X \in [x, x+n)))^{l_0 - k} \\ &= \binom{l_0}{k} (s_X(x) - s_X(x+n))^k (1 - (s_X(x) - s_X(x+n)))^{l_0 - k} \end{aligned}$$

이므로 ${}_n\mathcal{D}_x \sim B(l_0, s_X(x) - s_X(x+n))$이다. ${}_nd_x = E[{}_n\mathcal{D}_x]$라 정의한다. 그러면 ${}_nd_x$는 x부터 $x+n$사이의 기간중에 사망할 아기의 수의 기댓값을 나타낸다. 분명히

$${}_nd_x = l_0(s_X(x) - s_X(x+n)) = l_0\left(\frac{l_x}{l_0} - \frac{l_{x+n}}{l_0}\right) = l_x - l_{x+n}$$

$n = 1$인 경우, ${}_1d_x$와 ${}_1\mathcal{D}_x$에서 1을 생략하고 d_x와 $\mathcal{D}_x$를 사용한다.

참고 4.1.15. l_0의 값이 주어져 있을 때, 각 연령 x에 대하여 l_x와 d_x의 값을 나타낸 표를 **생명표**(life table)라 부르고 이들 함수를 **생명표 함수**(life table functions)라

부른다. 제 4장 이후의 모든 기호들은 이들로 표현된다.

$$(1)\ {}_np_x = \frac{s_X(x+n)}{s_X(x)} = \frac{l_{x+n}/l_0}{l_x/l_0} = \frac{l_{x+n}}{l_x}$$

$$(2)\ {}_nq_x = \frac{s_X(x) - s_X(x+n)}{s_X(x)} = \frac{{}_nd_x/l_0}{l_x/l_0} = \frac{{}_nd_x}{l_x} = \frac{l_x - l_{x+n}}{l_x} = 1 - \frac{l_{x+n}}{l_x}$$

$$(3)\ {}_{n|m}q_x = {}_np_x\ {}_mq_{x+n} = \left(\frac{l_{x+n}}{l_x}\right)\left(\frac{l_{x+n} - l_{x+n+m}}{l_{x+n}}\right) = \frac{l_{x+n} - l_{x+n+m}}{l_x}$$

$$= {}_np_x - {}_{n+m}p_x \quad ((1)\text{에 의하여})$$

$$(4)\ \mu_X(x) = -\frac{s'_X(x)}{s_X(x)} = -\frac{(l_x/l_0)'}{l_x/l_0} = -\frac{l'_x}{l_x}$$

[예제] 4.1.16. < CAS 2004-11-8 >. 임의의 $0 \le x \le 100$에 대하여,

$$s_X(x) = \left(1 - \frac{x}{100}\right)^{1/2}$$

일 때, 36세 사람이 51세와 64세 사이에 사망할 확률을 구하여라.

(풀이). ${}_{15|13}q_{36}$을 계산하면 된다. 참고 4.1.15의 (3)에 의하면,

$${}_{15|13}q_{36} = {}_{15}p_{36} - {}_{28}p_{36}$$

이다. 여기서

$${}_tp_{36} = \frac{s_X(36+t)}{s_X(36)} = \frac{\left(1 - \frac{36+t}{100}\right)^{\frac{1}{2}}}{\left(1 - \frac{36}{100}\right)^{\frac{1}{2}}}$$

이므로

$${}_{15}p_{36} = \frac{\left(\frac{49}{100}\right)^{\frac{1}{2}}}{\left(\frac{64}{100}\right)^{\frac{1}{2}}} = \frac{0.7}{0.8} = \frac{7}{8},$$

$${}_{28}p_{36} = \frac{\left(\frac{36}{100}\right)^{\frac{1}{2}}}{0.8} = \frac{0.6}{0.8} = \frac{3}{4}$$

따라서

$${}_{15|13}q_{36} = \frac{7}{8} - \frac{3}{4} = \frac{1}{8} = 0.125$$

를 얻는다. □

참고 4.1.17. 임의의 양의 실수 x에 대하여, x의 소숫점 이하 부분을 생략한 정수를 $[x]$로 표기한다. x세 사람의 여명 $T(x)$에 대하여, $K(x) = [T(x)]$라 정의하자. $K(x)$를 **간이여명**(curtate future lifetime)이라 부르고, 이에 대응하여 $T(x)$를 **완전여명**(complete future lifetime)이라 부른다. $K(x)$의 분포와 확률질량함수는 다음과 같다.

$$\begin{aligned} f_{K(x)}(k) &= P(K(x) = k) = P(k \le T(x) < k+1) = P(k < T(x) \le k+1) \\ &= {}_{k|}q_x = {}_k p_x \cdot q_{x+k} = \frac{d_{x+k}}{l_x} = \int_k^{k+1} f_{T(x)}(t)dt, \\ F_{K(x)}(k) &= P(K(x) \le k) = P(T(x) < k+1) = P(T(x) \le k+1) = {}_{k+1}q_x \end{aligned}$$

정리 4.1.18. *(1) T를 분포함수 $F_T(k)$와 확률밀도함수 $f_T(k)$를 가지는 연속확률변수라 하고 $z(t)$를 음이 아닌 미분가능한 단조함수이고 $E[z(T)]$가 존재하면, 다음 등식이 성립한다.*

$$E[z(T)] = \int_0^\infty z(t)f_T(t)dt = z(0) + \int_0^\infty z'(t)[1 - F_T(t)]dt$$

(2) K를 분포함수 $F_K(k)$와 확률질량함수 $p_K(k)$를 가지는 음이 아닌 정수값을 가지는 이산확률변수라 하고 $z(k)$가 음이 아닌 단조함수이며 $E[z(K)]$가 존재하면, 다음 등식이 성립한다.

$$E[z(K)] = \sum_{k=0}^\infty z(k)p_K(k) = z(0) + \sum_{k=0}^\infty [1 - F_K(k)](z(k+1) - z(k))$$

증명. (1) $\frac{d}{dt}(1 - F_T(t)) = -\frac{dF_T(t)}{dt} = -f_T(t)$이므로 $f_T(t)dt = -d(1 - F_T(t))$이다. 부분적분법에 의하여

$$\begin{aligned} \int_0^t z(s)f_T(s)ds &= -\int_0^t z(s)d(1 - F_T(s)) \\ &= [-z(s)(1 - F_T(s))]_0^t + \int_0^t (1 - F_T(s))z'(s)ds \\ &= -z(t)(1 - F_T(t)) + z(0) + \int_0^t z'(s)(1 - F_T(s))ds \end{aligned}$$

따라서,

$$\int_0^\infty z(s)f_T(s)ds = \lim_{t\to\infty}[-z(t)(1-F_T(t))] + z(0) + \int_0^\infty z'(s)(1-F_T(s))ds$$

우변의 첫번째 항이 0이 됨을 보이면 된다. $z(t)$가 음이 아니고 미분가능인 단조 함수이므로 $E[z(T)] < \infty$이다.

(i) $z(t)$가 단조감소라 가정하자.

$$0 \le \lim_{t\to\infty} |z(t)|(1-F_T(t)) \le |z| \lim_{t\to\infty}(1-F_T(t)) = 0$$

이므로 $\lim_{t\to\infty}[z(t)(1-F_T(t))] = 0$이다.

(ii) $z(t)$가 단조증가라 가정하자.

$$\begin{aligned} 0 \le |z(t)|(1-F_T(t)) = |z(t)| \cdot \int_t^\infty f_T(s)ds &\le \int_t^\infty z(s)f_T(s)ds \\ &= \int_\infty^\infty z(s)f_T(s)ds - \int_\infty^t z(s)f_T(s)ds \\ &\to E[z(T)] - E[z(T)] = 0 \end{aligned}$$

이므로 $\lim_{t\to\infty}[z(t)(1-F_T(t))] = 0$이다.

(2) 비슷한 방법으로 증명된다. □

참고 4.1.19. $T(x)$와 $K(x)$의 기댓값을 각각 $\mathring{e}_x$와 e_x로 표기한다. 즉,

$$\begin{aligned} \mathring{e}_x = E[T(x)] &= \int_0^{\omega-x} t \cdot f_{T(x)}(t)dt \\ &= \int_0^{\omega-x} t \cdot {}_tp_x \cdot \mu_X(x+t)dt \\ &= \int_0^{\omega-x} {}_tp_x dt, \\ e_x = E[K(x)] &= \sum_{k=0}^{\omega-x-1} k \cdot f_{K(x)}(k) \\ &= \sum_{k=0}^{\omega-x-1} k \cdot {}_kp_x \cdot q_{x+k} \end{aligned}$$

위의 각 공식의 세 번째 등식은 참고 4.1.7의 (3)과 참고 4.1.17을 보라. 첫 번째 공식의 마지막 등호는, 참고 4.1.15의 (4)에 의해

$$\frac{d}{dt}({}_tp_x) = \frac{d}{dt}\left(\frac{l_{x+t}}{l_x}\right) = -\frac{l_{x+t}}{l_x} \cdot \mu_X(x+t) = -{}_tp_x\mu_X(x+t)$$

이므로, $z(t) = t$와 $1 - F_{T(x)}(t) = {}_tp_x$를 정리 4.1.18에 적용하면 된다. 또는 부분적분법을 직접 적용하여 다음과 같이 증명할 수도 있다. 즉, $v(t) = t, u'(t) = {}_tp_x \cdot \mu_X(x+t)$라 두면, $v'(t) = 1$이고

$$\begin{aligned} u(t) &= \int {}_tp_x \cdot \mu_X(x+t)dt \\ &= \int \frac{l_{x+t}}{l_x}{}_tp_x \cdot \mu_X(x+t)dt = \int \frac{-l'_{x+t}}{l_x}dt = -\frac{l_{x+t}}{l_x} \\ &= -{}_tp_x \end{aligned}$$

이고 ${}_{\omega-x}p_x = 0$이므로,

$$\begin{aligned} \int_0^{\omega-x} t \cdot {}_tp_x \cdot \mu_X(x+t)dt &= [-t \cdot {}_tp_x]_0^{\omega-x} + \int_0^{\omega-x} 1 \cdot {}_tp_x dt \\ &= \int_0^{\omega-x} {}_tp_x dt \end{aligned}$$

가 성립한다.

문제 4.1.20. X를 수명을 나타내는 확률변수라 하고 x세 사람의 사력 $\mu_X(x)$가 아래와 같이 주어졌다. X의 75퍼센트점을 구하여라.

$$\mu_X(x) = \frac{2x}{1+x^2}, \quad 0 \le x < \infty$$

문제 4.1.21. x세 사람의 사력 $\mu_X(x)$를 다음과 같이 정의하자.

$$\mu_X(x) = \frac{2}{100-x}, \quad 0 \le x < 100$$

다음 물음에 답하여라.

(1) $s_X(x)$, l_x, $F_X(x)$, $f_X(x)$를 구하여라.

(2) $f_{T(40)}(t)$와 $F_{T(40)}(t)$를 구하여라.

문제 4.1.22. x세 사람의 사력 $\mu_X(x)$를 다음과 같이 정의하자.

$$\mu_X(x) = \frac{2}{80-x}, \quad 0 \le x < 80$$

20세인 사람의 여명의 생존함수를 구하여라.

제 4.2 절 중요한 가정하에서의 생존 모델

이 절에서는 생존 모델에서 중요하게 다루는 네 가지의 중요한 가정과 관련한 내용에 관하여 공부한다.

정의 4.2.1. 임의의 $x \ge 0$에 대하여,

$$s_X(x+t) - s_X(x) = t\{s_X(x+1) - s_X(x)\}, \quad t \in [0,1]$$

일 때, **"매년 UDD 가정을 만족한다"**(It holds the uniform distribution of deaths assumption over each year of age)고 말한다.

참고 4.2.2. 만약 매년 UDD 가정을 만족한다면, 다음 조건들은 동치이다.

(1) $s_X(x+t) - s_X(x) = t\{s_X(x+1) - s_X(x)\},\ t \in [0,1]$

(2) $l_{x+t} = l_x + t\{l_{x+1} - l_x\}$

(3) $l_x - l_{x+t} = t\{l_x - l_{x+1}\}$

(4) ${}_tq_x = t \cdot {}_1q_x = t \cdot q_x$

문제 4.2.3. 매년 UDD 조건하에서, 다음 물음에 답하여라.

(1) $l_{x+t} = l_x(1 - tq_x)$임을 증명하여라.

(2) (1)을 이용하여 (i) ${}_tp_x$ (ii) $\mu_X(x+t)$ (iii) $f_T(t),\ t \in [0,1]$을 t와 q_x를 사용하여 표현하여라.

(3) (2)의 (iii)을 이용하여 $\forall t \in [k, k+1),\ f_T(t) = {}_{k|}q_x$임을 증명하여라.

정리 4.2.4. *$T = K + S$라 두자. 만약 매년 UDD 조건을 만족한다고 가정하자. 그러면 다음 결과가 성립한다.*

(1) K와 S는 서로 독립이다.

(2) $S \sim U(0,1)$이다.

증명. (1) 다음 식

$$P(K = k, S \leq s) = P(k < T \leq k + s) = {}_{k|s}q_x = {}_kp_x \cdot {}_sq_{x+k}$$

$$= {}_kp_x \cdot s \cdot q_{x+k} = {}_{k|}q_x \cdot s = P(K = k) \cdot s$$

의 마지막 항에서 s는 사건 $\{K = k\}$와 무관하므로 $s = P(S \leq s)$가 되어야 한다. 그러므로 $P(K = k, S \leq s) = P(K = k)P(S \leq s)$이고 따라서 K와 S는 서로 독립이다.

(2) 다음 식

$$P(S \leq s) = s = \int_0^s 1dt$$

가 성립하므로 S의 확률밀도함수는 구간 $[0, 1]$에서 $f_S(s) = 1$이다. 따라서 $S \sim U(0,1)$이 성립한다. □

참고 4.2.5. 임의의 $x \geq 0$에 대하여,

$$\mu_X(t) = \mu(\text{상수})$$

일 때, "상수 사력(constant force)을 가진다"고 말한다. 이 경우 $\omega = \infty$가 된다. 실제로, $l_\omega = 0$이므로 $s_X(\omega) = l_\omega / l_0 = 0$이고, 따라서

$$0 = s_X(\omega) = \exp\left\{-\int_0^\omega \mu_X(s)ds\right\} = \exp\left\{-\int_0^\omega \mu ds\right\} = e^{-\mu\omega}$$

그러므로 $\omega = \infty$이다.

정리 4.2.6. *상수 사력 $\mu_X(t) = \mu$를 가진다고 가정하면, X와 $T = T(x)$는 모수 μ의 지수분포를 따른다. 즉,*

$$f_X(t) = f_T(t) = \mu e^{-\mu t}$$

이 성립한다.

증명. 참고 4.2.5와 같은 계산에 의하여, $s_X(t) = e^{-\mu t}$이다. 따라서

$$f_X(t) = \mu_X(t)s_X(t) = \mu e^{-\mu t}$$

이고

$$\begin{aligned} f_T(t) &= {}_tp_x\mu_X(x+t) = \mu \cdot {}_tp_x = \mu\frac{l_{x+t}}{l_x} = \mu\frac{s_X(x+t)l_0}{s_X(x)l_0} \\ &= \mu\frac{e^{-\mu(x+t)}}{e^{-\mu x}} = \mu e^{-\mu t} \end{aligned}$$

이다. □

참고 4.2.7. 상수 사력 $\mu_X(t) = \mu$를 가진다고 가정하면, 정리 4.2.6과 지수분포의 성질을 이용하면, 임의의 $x \geq 0$에 대하여,

$$\mathring{e}_x = E[T(x)] = \frac{1}{\mu}, \quad Var(T(x)) = \frac{1}{\mu^2}$$

이 성립한다.

정의 4.2.8. 임의의 $x \in [0, \omega)$에 대하여,

$$l_x = \omega - x$$

일 때, "사력이 **드 모아브르의 법칙**(de Moivre's law)을 따른다"고 말한다.

정리 4.2.9. *드 모아브르의 법칙하에서 다음 결과가 성립한다.*

(1) $X \sim U(0, \omega)$

(2) $\mu_X(x) = 1/(\omega - x)$

(3) *임의의 $x \in [0, \omega)$에 대하여, $T(x) \sim U(0, \omega - x)$이다.*

증명. (1) 임의의 $x \in [0,\omega)$에 대하여,

$$f_X(x) = \frac{dF_X(x)}{dx} = (1 - s_X(x))' = (-s_X(x))' = \left(-\frac{l_x}{l_0}\right)'$$
$$= \left(-\frac{\omega - x}{l_0}\right)' = \frac{1}{l_0} = \frac{1}{\omega}$$

그러므로 $X \sim U(0,\omega)$이다.

(2) 정의에 의하여,

$$\mu_X(x) = \frac{f_X(x)}{s_X(x)} = \frac{1}{l_0} \cdot \frac{1}{s_X(x)} = \frac{1}{l_0} \cdot \frac{l_0}{l_x} = \frac{1}{l_x} = \frac{1}{\omega - x}$$

이 성립한다.

(3) 임의의 $x \in [0,\omega)$에 대하여,

$$f_{T(x)}(t) = {}_tp_x \cdot \mu_X(x+t) = \frac{l_{x+t}}{l_x} \cdot \frac{l}{\omega - (x+t)}$$
$$= \frac{\omega - (x+t)}{\omega - x} \cdot \frac{l}{\omega - (x+t)}$$
$$= \frac{1}{\omega - x}$$

이다. 그러므로 $T(x) \sim U(0,\omega - x)$이다. □

참고 4.2.10. (1) 사력에 대한 드 모아브르의 법칙을 가정하면, 정리 4.2.9에 의하여, $T(x) \sim U(0,\omega - x)$이므로,

$$\mathring{e}_x = E[T(x)] = \frac{\omega - x}{2}, \quad Var(T(x)) = \frac{(\omega - x)^2}{12}$$

이 성립한다.

(2) 임의의 $x \in [0,\omega)$에 대하여

$$\mu_X(x) = \frac{r}{\omega - x}$$

일 때, 사력이 "**일반화된 드 모아브르의 법칙**을 따른다"고 말한다. 이때

$$\mathring{e}_x = E[T(x)] = \frac{\omega - x}{r+1}, \quad Var(T(x)) = \frac{(\omega - x)^2 r}{(1+r)^2(r+2)}$$

이 성립한다. 물론 $r = 1$인 경우 (1)의 결과와 일치한다.

[예제] 4.2.11. < SOA 2000-5-1 >. 다음 조건이 주어져 있다.

(i) $\mathring{e}_0 = 25$

(ii) 임의의 $x \in [0, \omega)$에 대하여, $l_x = \omega - x$이다.

x세 사람 (x)의 완전여명을 $T(x)$라 할 때, 분산 $Var(T(10))$을 구하여라.

(풀이). 조건 (ii)에 의하여, 드 모아브르의 법칙을 따른다. 정리 4.2.9의 (3)에 의하여 $T(x) \sim U(0, \omega - x)$이다. 따라서 $25 = \mathring{e}_0 = E[T(0)] = \frac{\omega - 0}{2} = \frac{\omega}{2}$로부터 $\omega = 50$이다. 그러므로 $T(10) \sim U(0, 50 - 10) = U(0, 40)$이고

$$Var(T(10)) = \frac{(40-0)^2}{12} = \frac{40^2}{12} = 133.3$$

이다. □

[예제] 4.2.12. < CAS 2000-11-5 >. 다음 조건들이 주어져 있다.

(i) $\mathring{e}_{20} = 30$

(ii) 사력이 드 모아브르의 법칙을 따른다.

이때 q_{20}과 ${}_{28|4}q_{20}$을 구하여라.

(풀이). 정리 4.2.9의 (3)에 의하여 $T(20) \sim U(0, \omega - 20)$이므로 $30 = \mathring{e}_{20} = E[T(20)] = \frac{\omega - 20}{2}$으로부터 $\omega = 80$이다. 그러므로 20세의 사람 (20)은 드 모아브르의 법칙하에 사망은 구간 $[0, 60)$에서 균등하게 일어나므로 $q_{20} = {}_1q_{20} = \frac{1}{60}$이다. 그리고 ${}_{28|4}q_{20}$은 49세에서 52세 사이의 4년 동안에 사망할 확률이고, 이 값은 $4 \times \frac{1}{60} = \frac{1}{15}$이다. □

참고 4.2.13. (1) 참고 4.1.7과 참고 4.1.19, 참고 4.1.9의 (3) 그리고 참고 4.1.15의 (1)에 의하여,

$$\begin{aligned} e_x = E[K(x)] &= \sum_{k=0}^{\omega-x-1} k \cdot f_{K(x)}(k) = \sum_{k=0}^{\omega-x-1} k \cdot {}_{k|}q_x \\ &= \sum_{k=0}^{\omega-x-1} k \cdot \frac{s_X(x+k) - s_X(x+k+1)}{s_X(x)} = \sum_{k=0}^{\omega-x-1} \frac{s_X(x+k+1)}{s_X(x)} \\ &= \sum_{k=0}^{\omega-x-1} {}_{k+1}p_x = \frac{l_{x+1}}{l_x} + \cdots + \frac{l_{\omega-1}}{l_x} + \frac{l_\omega}{l_x} = \frac{l_{x+1} + \cdots + l_{\omega-1}}{l_x} \end{aligned}$$

이 성립한다.

(2) $T(x) = K(x) + S(x)$라 두고 매년 UDD 조건을 가정하면, 정리 4.2.4에 의하여, $S(x) \sim U(0,1)$이고 따라서 $E[S(x)] = 1/2$이므로,

$$\mathring{e}_x = E[T(x)] = E[K(x) + S(x)] = e_x + \frac{1}{2}$$

이 성립한다.

문제 4.2.14. 다음과 같이 생명표의 일부가 주어져 있다.

x	90	91	92	93
l_x	100	87	52	0
d_x	13	35	52	-

90세 사람의 간이여명과 UDD 가정하에서의 완전여명의 기댓값을 각각 구하여라. (참고 4.2.13을 이용하라.)

정의 4.2.15. 다음과 같이 정의한다.

$$\widetilde{T}(x;n) = \min(T(x), n) = \begin{cases} T(x), & \text{if} \quad T(x) \le n \\ n, & \text{if} \quad T(x) \ge n \end{cases}$$

$$\widetilde{K}(x;n) = \min(K(x), n) = \begin{cases} K(x), & \text{if} \quad K(x) \le n-1 \\ n, & \text{if} \quad K(x) \ge n \end{cases}$$

$$\begin{aligned}\mathring{e}_{x:\overline{n}|} = E[\widetilde{T}(x;n)] &= \int \widetilde{t}\cdot f_{T(x)}(t)dt \\ &= \int_0^n t\cdot {}_tp_x\cdot \mu_X(x+t)dt + n\cdot {}_tp_x \\ &= \int_0^n {}_tp_x dt\end{aligned}$$

$$\begin{aligned}e_{x:\overline{n}|} = E[\widetilde{K}(x;n)] &= \sum \widetilde{k}\cdot f_{K(x)}(k) = \sum_{k=0}^{n-1} {}_{k+1}p_x \\ &= \frac{l_{x+1}+\cdots+l_{x+n}}{l_x}\end{aligned}$$

위의 정의에서 $\mathring{e}_{x:\overline{n}|}$을 n년 **정기완전기대여명**(n-year term expected complete future life time)이라 부르고, $e_{x:\overline{n}|}$는 '완전(complete)' 대신 '간이(curtate)'를 붙여서 부른다.

[예제] 4.2.16. < SOA 2003-11-28 >. x세 사람에 대하여, K를 간이여명이라 하고, $q_{x+k} = 0.1(k+1),\ k = 0, 1, \cdots, 9$라 하자. 이때 $Var(K\wedge 3)$을 계산하여라.

(풀이). 확률변수 $Y = K\wedge 3$은 값 $0, 1, 2, 3$을 가진다. 그러므로

$$\begin{aligned}Var(K\wedge 3) = Var(Y) &= E[Y^2] - E[Y]^2 \\ &= \sum_{k=0}^{3} k^2 P(Y=k) - \left(\sum_{k=0}^{3} kP(Y=k)\right)^2 \\ &= \sum_{k=0}^{3} k^2 P(K=k) - \left(\sum_{k=0}^{3} kP(K=k)\right)^2\end{aligned}$$

이다. 여기서

$$\begin{aligned}P(K=0) &= q_x = 0.1, \\ P(K=1) &= {}_{1|}q_x = p_x q_{x+1} = (1-q_x)q_{x+1} \\ &= 0.9\times 0.2 = 0.18,\end{aligned}$$

$$P(K=2) = p_x p_{x+1} q_{x+2} = (1-q_x)(1-q_{x+1})q_{x+2}$$
$$= 0.9 \times 0.8 \times 0.3 = 0.216,$$
$$(K=3) = 1 - \sum_{y_i=0}^{2} P(K=y_i) = 1 - (0.1 + 0.18 + 0.216) = 0.504$$

이다. 따라서

$$Var(K \wedge 3) = 0^2 \times 0.1 + 1^2 \times 0.18 + 2^2 \times 0.216 + 3^2 \times 0.504$$
$$- (0 \times 0.1 + 1 \times 0.18 + 2 \times 0.216 + 3 \times 0.504)^2$$
$$= 5.580 - (2.124)^2 = 1.07$$

을 얻는다. □

[예제] 4.2.17. < SOA 2000-11-1 >. 사력이

$$\mu_X(x) = \begin{cases} 0.04, & 0 < x < 40 \\ 0.05, & x > 40 \end{cases}$$

과 같이 주어졌을 때, $\mathring{e}_{25:\overline{25|}}$를 구하여라.

(풀이). 상수 사력 $\mu_X(x) = \mu$를 가질 때, 정리 4.2.6의 증명과정에 의하면 ${}_tp_x = e^{-\mu t}$이다. 그러므로

$$\begin{aligned}
\mathring{e}_{25:\overline{25|}} &= E[\tilde{T}(25:25)] = \int_0^{25} {}_tp_{25} dt \\
&= \int_0^{15} {}_tp_{25} dt + \int_{15}^{25} {}_tp_{25} dt \\
&= \int_0^{15} {}_tp_{25} dt + \int_0^{10} {}_{t+15}p_{25} dt \\
&= \int_0^{15} {}_tp_{25} dt + {}_{15}p_{25} \int_0^{10} {}_tp_{40} dt \\
&= \int_0^{15} e^{-0.04t} dt + e^{-(0.04)(15)} \int_0^{10} e^{-0.05t} dt = 15.6
\end{aligned}$$

을 얻는다. □

[예제] 4.2.18. < SOA 2001-5-33 >. 어느 4년제 대학에서 각 학년별 학생이 중퇴할 확률이 다음과 같다.

$$q_1 = 0.10,$$
$$q_2 = 0.05,$$
$$q_3 = 0.05,$$
$$q_4 = 0.01$$

각 학년별로 중퇴하는 학생의 수는 균등분포를 따른다고 가정한다. 이때 2학년에 진급하는 학생의 1.5년 정기완전기대여명 $\overset{\circ}{e}_{1:\overline{1.5}|}$를 구하여라.

(풀이). 정의 4.2.15에 의하여,

$$\begin{aligned}
\overset{\circ}{e}_{1:\overline{1.5}|} &= \int_0^{1.5} {}_tp_1 dt = \int_0^1 {}_tp_1 dt + \int_1^{1.5} {}_tp_1 dt \\
&= \int_0^1 {}_tp_1 dt + \int_0^{0.5} {}_{t+1}p_1 dt = \int_0^1 {}_tp_1 dt + {}_1p_1 \int_0^{0.5} {}_tp_2 dt \\
&= \int_0^1 (1 - {}_tq_1) dt + p_1 \int_0^{0.5} (1 - {}_tq_2) dt \\
&= \int_0^1 (1 - t \cdot q_1) dt + (1 - q_1) \int_0^{0.5} (1 - t \cdot q_2) dt \\
&= \int_0^1 (1 - 0.1t) dt + (0.9) \int_0^{0.5} (1 - 0.05t) dt = 1.394
\end{aligned}$$

를 얻는다. □

문제 4.2.19. x세 사람의 사력 $\mu_X(x)$를 다음과 같이 정의하자.

$$\mu_X(x) = \frac{2}{80 - x}, \quad 0 \le x < 80$$

이때 $\overset{\circ}{e}_{50:\overline{25}|}$를 계산하여라.

문제 4.2.20. 다음과 같은 가정이 주어져 있다.

(i) $q_{70} = 0.040$

(ii) $q_{71} = 0.044$

(iii) 매년 UDD 조건을 만족한다.

이때 $\mathring{e}_{70:\overline{1.5|}}$를 계산하여라.

정의 4.2.21. 임의의 $x \geq 0$에 대하여,

$$\frac{1}{s_X(x+t)} = \frac{1-t}{s_X(x)} + \frac{t}{s_X(x+1)}, \quad 0 \leq t \leq 1$$

일 때, "**밸두치의 가정(Balducci assumption)**을 만족한다"고 말한다.

참고 4.2.22. 밸두치의 가정을 만족한다는 조건은 다음 각각의 조건들과 동치이다.

(1) $\dfrac{1}{l_{x+t}} = \dfrac{1-t}{l_x} + \dfrac{t}{l_{x+1}}, \quad t \in [0,1]$

(2) ${}_tp_x = \dfrac{p_x}{p_x + tq_x}, \quad t \in [0,1]$

(3) $l_{x+t} = l_x \dfrac{p_x}{p_x + tq_x}, \quad t \in [0,1]$

위의 식에서 (2)와 (3)의 필요충분조건은 ${}_tp_x = \dfrac{l_{x+t}}{l_x}$로부터 분명하고 (2)는 다음과 같이 증명한다.

$$\begin{aligned} {}_tp_x &= \frac{l_{x+t}}{l_x} = \frac{\frac{1}{l_x}}{\frac{1}{l_{x+t}}} = \frac{\frac{1}{l_x}}{\frac{1-t}{l_x} + \frac{t}{l_{x+1}}} = \frac{1}{(1-t) + t \cdot \frac{l_x}{l_{x+1}}} \\ &= \frac{1}{(1-t) + \frac{t}{p_x}} = \frac{p_x}{(1-t)p_x + t} = \frac{p_x}{p_x + t(1-p_x)} \\ &= \frac{p_x}{p_x + tq_x} \end{aligned}$$

문제 4.2.23. Balducci 가정하에서, $\mathring{e}_{x:\overline{1|}}$을 q_x에 의하여 표현하여라.

문제 4.2.24. 부록에 있는 **[2005년도 대한민국 국민생명표]**를 이용하여 54세 남자에 대한 다음 확률을 구하여라.

(1) 70세까지 생존할 확률, 즉, 16년 더 생존할 확률

(2) 65세 이전에 사망할 확률, 즉, 11년 이내에 사망할 확률

(3) 65세와 70세 사이에 사망할 확률, 즉, 11년까지 생존한 후부터 5년 이내에 사망할 확률

[예제] **4.2.25. < SOA 2000-11-10 >.** 다음과 같이 생명표의 일부가 주어져 있다.

x	$l_{[x]}$	$l_{[x]+1}$	$l_{[x]+2}$	x+2
60	80,625	79,954	78,839	62
61	79,137	78,402	77,252	63
62	77,575	76,770	75,578	64

매년 UDD 조건을 만족한다고 가정할 때, ${}_{0.9}q_{[60]+0.6}$을 구하여라.

(풀이). 다음 식을 이용한다.

$$ {}_{0.9}q_{[60]+0.6} = 1 - {}_{0.9}p_{[60]+0.6} = 1 - \frac{l_{[60]+0.6+0.9}}{l_{[60]+0.6}} = 1 - \frac{l_{[60]+1.5}}{l_{[60]+0.6}} $$

UDD 조건(참고 4.2.2)에 의하여,

$$ \begin{aligned} l_{[60]+0.6} &= l_{[60]} - (0.6)(l_{[60]} - l_{[60]+1}) \\ &= 80,625 - (0.6)(80,625 - 79,954) \\ &= 80,222.40 \end{aligned} $$

이고

$$ \begin{aligned} l_{[60]+1.5} &= l_{[60]+1+0.5} = l_{[60]+1} - (0.5)(l_{[60]+1} - l_{[60]+2}) \\ &= 79,954 - (0.5)(79,954 - 78,839) \\ &= 79,396.50 \end{aligned} $$

이므로

$$ {}_{0.9}q_{[60]+0.6} = 1 - \frac{79,396.50}{80,222.40} = 0.0103 $$

을 얻는다. □

문제 4.2.26. 28세 K씨는 오늘 24세 신부와 결혼을 하였다. 부록에 있는 [**2005년도 대한민국 국민생명표**]를 이용하여 다음 물음에 답하여라.

(1) 부부 두 명이 80세까지 생존할 확률을 구하여라.

(2) 부부 두 명이 70세에서 80세 사이에서 사망할 확률을 구하여라.

문제 4.2.27. 다음과 같은 생명표의 일부를 이용하여 $Var(K(96))$을 구하여라.

x	96	97	98	99	100
l_x	180	130	73	31	0

문제 4.2.28. 매년 UDD 조건을 가정한다. 문제 4.2.27에 있는 생명표의 일부를 이용하여 $\mathring{e}_{96:\overline{1|}}$을 구하여라.

문제 4.2.29. 다음 물음에 답하여라.

(1) $l_x = 10(100-x)^2$일 때, $Var(T(x))$를 구하여라.

(2) $\mu_X(x) = x/100$일 때, ${}_{20|10}q_5$를 계산하여라.

(3) x세 사람의 여명 $T(x)$의 확률밀도함수가 $f_{T(x)}(t) = 2e^{-2t},\ \ t \geq 0$에 의해 주어질 때, $\mathring{e}_x$와 $Var(T(x))$를 구하여라.

문제 4.2.30. 확률 $P(30 < X \leq 40 \mid X > 20)$을 생존함수로 표현하여라.

문제 4.2.31. 모든 $x > 0$에 대하여 x세 사람의 사력이 $\mu_X(x) = kx$이고, ${}_{10}p_{35} = 0.81$임을 알고 있다. 이때 ${}_{20}p_{40}$을 구하여라.

참고 4.2.32. 지금까지 X는 갓난 아기의 수명을 나타내는 확률변수였다. 일반적으로 X는 양의 값을 가지는 확률변수이다. 이 경우 "갓난 아기가 x살까지 생존한다"는 표현 대신 "사건 $\{X > x\}$가 일어난다"는 표현을 쓴다. 그리고 'x세 사람의 사력 $\mu_X(x)$' 대신 '확률변수 X의 고장률 $h_X(x)$'를 사용한다. 수학적으로는 동일한 표현이다.

[예제] 4.2.33. < CAS 2003-11-19 >. 어느 기계의 수명 X에 대하여 다음과 같은 조건이 주어져 있다.

(i) X의 고장률은 $h_X(x) = z^2/(2x), \quad x \geq 2$이다.

(ii) X의 분포함수 $F_X(x)$는 $F_X(5) = 0.84$를 만족한다.

이때 z의 값을 구하여라.

(풀이). 다음 식을 이용한다.

$$\begin{aligned}0.16 = 1 - 0.84 = 1 - F_X(5) = s_X(5) &= \exp\left(-\int_2^5 \frac{z^2}{2x}dx\right)\\ &= \exp\left(-\frac{z^2}{2}(\ln 5 - \ln 2)\right) = \exp\left(-\frac{z^2}{2}\ln\frac{5}{2}\right)\end{aligned}$$

이므로 $\ln 0.16 = -\frac{z^2}{2}\ln\frac{5}{2}$이다. 따라서 $z^2 = 2\times\frac{-\ln 0.16}{\ln\frac{5}{2}} = 4$이므로 $z = 2$이다. □

정의 4.2.34. $\alpha > 0$이고 $\beta > 0$이라 하자. 아래와 같은 확률밀도함수를 가지는 연속확률변수 X는 모수 $\alpha > 0$과 $\beta > 0$의 **와이블분포**(Weibull distribution)를 가진다고 하고, $X \sim W(\alpha, \beta)$로 표시한다.

$$f_X(x) = \begin{cases}\alpha\beta x^{\beta-1}\exp\{-\alpha x^{\beta}\}, & x > 0\\ 0, & \text{그 외에서}\end{cases}$$

문제 4.2.35. $X \sim W(\alpha, \beta)$일 때, 다음 물음에 답하여라.

(1) X의 고장율 $h_X(x)$를 구하여라.

(2) 어떤 전기장치의 시간 당 고장율이 $h(t) = 2\times 10^{-6}t$이다. 1000시간 후에도 이 전기장치가 여전히 작동할 확률을 구하여라.

제 5 장

생명보험

어떤 특정한 사건의 발생에 따라 지불시기와 지불금액이 주어지는 현금의 흐름에 관한 확률적 모델을 **우발적 지불 모델** 혹은 **조건부 지불 모델**(contingent payment model)이라 부른다. 예를 들어,

(1) 피보험자가 사망시점에서 수령하는 사망보험금

(2) 연금수령자가 사망시점까지 수령하는 연금의 흐름

은 조건부 지불모델이다.

이 장에서는 (1)을 다루고 (2)는 제 6장에서 소개한다. 생명보험은 보험금의 지불조건에 따라서 다음과 같이 분류된다.

(1) **종신보험**(whole life insurance): 특별한 제한없이 평생 동안 언제든지 사망할 때 사망보험금을 지불한다.

(2) n**년 정기보험**(n-year term life insurance): 보험계약 후 n년 이내에 사망할 때 사망보험금을 지불한다.

(3) n**년 거치보험**(n-year deferred life insurance): 보험계약 후 n년간 생존 후

사망할 때 사망보험금을 지불한다.

(4) n년 **생존보험**(n-year pure endowment life insurance): 보험계약 후 n년간 생존할 때 n차년도에 생존보험금을 지불한다.

(5) n년 **양로보험**(n-year endowment life insurance): n년 이내에 사망하면 사망보험금을 지불하고 n년간 생존하면 생존보험금을 지불한다.

제 5.1 절 연속생명보험 모델

사망하는 즉시 사망보험금을 지불하는 생명보험을 **연속생명보험**이라 부른다. 나이 x세인 사람의 완전여명을 $T = T(x)$로 표기하였다. 사망보험금은 사망시점 $x+T$에 의존하므로 보통 b_T로 표기한다. 사망보험금 지불시점으로부터 보험계약일까지의 기간 $[0, T]$ 동안의 할인인자를 v_T라 두자. 그러면 사망보험금의 보험계약일에서의 현가는 확률변수 T에 의존하는 (하나의) 확률변수이므로 **현가 확률변수**(present value random variable, PVRV)라 부르고 다음과 같이 주어진다.

$$Z(T) = b_T v_T$$

이때 $E[Z(T)]$를 **일시납 순보험료**(net single benefit premium, NSBP)라 부른다.

참고 5.1.1. 사망 즉시 사망보험금 1을 지불하는 **종신보험**을 생각하자.

(1) $b_T = 1$이다. 이때 **기본보험**(basic insurance)이라 부른다.

(2) 이자력 δ를 적용할 때의 할인인자를 v라 하면, $v = e^{-\delta}$이고, 따라서 $v_T = v^T = e^{-\delta T}$이다.

(3) $Z(T) = b_T v_T = e^{-\delta T} = v^T$, $0 \le T \le \omega - x$이다.

이때 $Z = Z(T)$는 정의역 $[0,\ \omega - x]$에서 치역 $[v^{\omega-x},\ 1]$로 대응하는 T에 관한 강감소함수이다.

정리 5.1.2. *사망시 사망보험금 1을 지불하는 종신보험을 생각하자. 이자력 δ를 적용할 때, 일시납 순보험료 $E[Z(T)]$는 다음과 같이 주어진다.*

$$\begin{aligned} E[Z] &= E[Z(T)] \\ &= \int_0^{\omega-x} e^{-\delta t} f_{T(x)}(t)dt = \int_0^{\omega-x} e^{-\delta t} \cdot {}_tp_x \cdot \mu_X(x+t)dt \end{aligned}$$

단, $\mu_X(x+t)$는 $x+t$세 사람의 사력이다.

증명. 세 번째 등식은 참고 4.1.7의 (3)을 보라. □

참고 5.1.3. 사망시 사망보험금 1을 지불하는 종신보험, 즉, 기본연속종신보험을 생각하자.

(1) 정리 5.1.2의 공식의 값, 즉, 일시납 순보험료 $E[Z(T)]$를 통상적 계리 기호(standard actuarial symbol)로 $\overline{A}_x$에 의하여 표기하고, 기본연속종신보험금의 **계리적 현가**(actuarial present value, APV)라 부르기도 한다.

(2) $E[Z^2] = \int_0^{\omega-x}(e^{-\delta t})^2 \cdot {}_tp_x \cdot \mu_X(x+t)dt = \int_0^{\omega-x} e^{-2\delta t} \cdot {}_tp_x \cdot \mu_X(x+t)dt$에서, $v_T = e^{-\delta T}$일 때 $v_T^2 = (e^{-\delta T})^2 = e^{-2\delta T}$을 통상적으로 ${}^2v_T$로 표기하고, 따라서 $E[Z^2]$를 ${}^2\overline{A}_x$로 표기한다.

(3) 일반적으로 $k = 2, 3, \cdots$에 대하여, $b_T = 0$ 또는 1이므로, $b_T^k = b_T$이고, $v_T^k = (e^{-\delta T})^k = e^{-k\delta T} = {}^kv_T$이므로, ${}^k\overline{A}_x$는 다음과 같이 주어진다.

$${}^k\overline{A}_x = E[Z^k] = E[(b_T v_T)^k] = E[b_T^k v_T^k] = E[b_T \cdot {}^kv_T]$$

[예제] 5.1.4. (1) 임의의 $0 \le x < \omega$에 대하여 $l_x = \omega - x$일 때, 즉 드 모아브르 법칙(de Moivre's Law)하에서, $\overline{A}_x$를 구하여라.

(2) 임의의 $x \geq 0$에 대하여 $\mu_X(x) = \mu$(상수)일 때, 즉 상수 사력을 가질 때, $\overline{A}_x$를 구하여라.

(풀이). $\overline{A}_x$는 다음과 같이 주어진다.

$$\begin{aligned}\overline{A}_x = E[Z(T)] &= \int_0^{\omega-x} e^{-\delta t} f_T(t)dt \\ &= \int_0^{\omega-x} e^{-\delta t} {}_tp_x \mu_X(x+t)dt\end{aligned}$$

(1) 다음 식

$$\mu_X(x) = \frac{-l'_x}{l_x} = \frac{-(\omega-x)'}{\omega-x} = \frac{1}{\omega-x}, \quad x \in [0,\omega)$$

로부터 임의의 $0 \leq t \leq \omega - x$에 대하여

$$\begin{aligned}f_T(t) = {}_tp_x\mu_X(x+t) &= \frac{l_{x+t}}{l_x} \cdot \mu_X(x+t) \\ &= \frac{\omega-(x+t)}{\omega-x} \cdot \frac{1}{\omega-(x+t)} = \frac{1}{\omega-x}\end{aligned}$$

이므로 $T \sim U(0, \omega-x)$이다. 따라서

$$\overline{A}_x = \int_0^{\omega-x} e^{-\delta t}\frac{1}{\omega-x}dt = \frac{1}{\omega-x} \cdot \frac{1-e^{-\delta(\omega-x)}}{\delta}$$

를 얻는다.

(2) $\mu_X(x) = \mu, \;\; x \in [0,\infty)$로부터

$$s_X(x) = \exp\left(-\int_0^x \mu ds\right) = e^{-\mu x}$$

이므로, $t \in [0,\infty)$에 대하여

$$\begin{aligned}f_T(t) &= {}_tp_x\mu_X(x+t) \\ &= \frac{s_X(x+t)}{s_X(x)} \cdot \mu_X(x+t) \\ &= \frac{e^{-\mu(x+t)}}{e^{-\mu x}} \cdot \mu = \mu e^{-\mu t}\end{aligned}$$

이고, 따라서 $T \sim E(\mu)$이다. 그러므로

$$\overline{A}_x = \int_0^\infty e^{-\delta t}\mu e^{-\mu t}dt = \frac{\mu}{\mu+\delta}$$

이다. □

문제 5.1.5. $\delta = 0.05$이고 $x = 30$이라 두고 $\omega = 100$인 de Moivre 법칙하에서 생각하자.

(1) $\overline{A}_{30}$, ${}^2\overline{A}_{30}$, $Var(Z)$를 구하여라.

(2) 일시납 순보험료로 사망보험금을 보상하는데 충분할 확률을 구하여라.

[예제] 5.1.6. < 2002-11-39 >. (x)의 기본연속종신보험에 대하여, 다음을 가정한다.

(i) 사력함수를 $\mu_X(t) = \mu$(상수)라 한다.

(ii) 사망의 순간에 보험금 1을 지불한다.

(iii) $\delta = 0.06$

(iv) $\overline{A}_x = 0.60$

만약 $\mu_X(t)$를 0.03만큼 증가시키고 δ를 0.03만큼 감소시켰을 때, 수정된 사망보험금의 현가확률변수의 기댓값(=계리적 현가)을 구하여라.

(풀이). 수정 전의 경우

$$0.60 = \overline{A}_x = \frac{\mu}{\mu+\delta} = \frac{\mu}{\mu+0.06}$$

이므로 $\mu = 0.09$이다.

수정 후의 경우

$$\mu' = 0.09 + 0.03 = 0.12$$

$$\delta' = 0.06 - 0.03 = 0.03$$

이므로, 수정된 계리적 현가는

$$\overline{A}_x = \frac{\mu'}{\mu' + \delta'} = \frac{0.12}{0.12 + 0.03} = 0.8$$

이다. □

[예제] 5.1.7. < SOA/CAS 2004-11-1 >. (x)의 연속종신보험에 대하여, 다음을 가정한다.

(i) $\mu_X(t) = 0.05,\ t > 0$

(ii) $\delta = 0.08$

(iii) 시점 $t > 0$에서의 사망보험금은 $b_t = e^{0.06t}$이다.

이때 사망보험금의 현가확률변수 Z의 분산을 구하여라.

(풀이). $Z = b_T v^T$이라 두면, 상수 사력 0.05를 가지므로 $T \sim E(0.05)$이다. 그러므로 $f_T(t) = 0.05e^{-0.05t}$이다. 따라서

$$\begin{aligned}
E[Z] &= \int_0^\infty b_t v^t f_T(t)dt \\
&= \int_0^\infty e^{0.06t} e^{-0.08t} (0.05) e^{-0.05t} dt \\
&= \frac{5}{7} \\
E[Z^2] &= \int_0^\infty \left(b_t v^t\right)^2 f_T(t)dt \\
&= 0.05 \int_0^\infty \left(e^{-0.02t}\right)^2 e^{-0.05t} dt \\
&= \frac{5}{9} \\
Var(X) &= \frac{5}{9} - \left(\frac{5}{7}\right)^2 = 0.045
\end{aligned}$$

이다. □

정리 5.1.8. (기본연속 n년 정기보험의 경우). *다음 결과들이 성립한다.*

(1) $(PVRV)\ Z = Z_{term} = \begin{cases} v^T = e^{-\delta T}, & T \le n \\ 0, & T > n \end{cases}$

(2) $(APV)\ \overline{A}^{1}_{x:\overline{n|}} = E[Z] = \int_0^n e^{-\delta t} f_{T(x)}(t)dt = \int_0^n e^{-\delta t} \cdot {}_tp_x \cdot \mu_X(x+t)dt$

(3) $E[Z^2] = {}^2\overline{A}^{1}_{x:\overline{n|}} = \int_0^n e^{-2\delta t} \cdot {}_tp_x \cdot \mu_X(x+t)dt$

(4) $Var(Z) = E[Z^2] - E[Z]^2 = {}^2\overline{A}^{1}_{x:\overline{n|}} - (\overline{A}^{1}_{x:\overline{n|}})^2$

정리 5.1.9. (기본 n년 생존보험의 경우). *다음 결과들이 성립한다.*

(1) $(PVRV)\ Z = Z_{pure} = \begin{cases} 0, & T \le n \\ v^n = e^{-\delta n}, & T > n \end{cases}$

(2) $(APV)\ A_{x:\overline{n|}}^{\ \ 1} = E[Z] = E[e^{-\delta n} I_T] = e^{-\delta n} E[I_T] = e^{-\delta n}\, {}_np_x$

단, I_T는 보험가입 후 n년간 생존하면 1이고 그렇지 않으면 0인 확률변수이다. 즉,

$$I_T = \begin{cases} 1, & \text{확률 } {}_np_x \text{로} \\ 0, & \text{확률 } 1 - {}_np_x \text{로} \end{cases}$$

이고, 따라서 $E[I_T] = 1 \times {}_np_x + 0 \times (1 - {}_np_x) = {}_np_x$ 이다.

$A_{x:\overline{n|}}^{\ \ 1}$은 n년간 생존하면 지불하는 보험금이므로, 사망보험금의 APV로서는 의미가 없다고 할 수 있다.

(3) $E[Z^2] = {}^2A_{x:\overline{n|}}^{\ \ 1} = e^{-2\delta n} E[I_T^2] = e^{-2\delta n} E[I_T] = e^{-2\delta n}\, {}_np_x$

(4) $Var(Z) = E[Z^2] - E[Z]^2 = e^{-2\delta n}\, {}_np_x - (e^{-\delta n}\, {}_np_x)^2 = e^{-2\delta n}\, {}_np_x\, {}_nq_x$

[예제] 5.1.10. < SOA 2004-11-37 >. Z를 (x)의 15년 생존보험금 1의 현가확률변수라 하고 다음을 가정한다.

(i) 15년 동안 상수 사력을 가진다.

(ii) $v = 0.9$

(iii) $Var(Z) = 0.065E[Z]$

이때 q_x를 구하여라.

(풀이). 만약 상수사력 μ를 가진다고 가정하면,

$$ {}_tp_x = \frac{s_x(x+t)}{s_x} = \frac{e^{-\mu(x+t)}}{e^{-\mu x}} = e^{-t\mu} $$

이다. 그래서 기댓값과 분산을 구하면

$$ \begin{aligned} E[Z] &= A_{\overset{1}{x}:\overline{15|}} = v^{15}{}_{15}p_x = v^{15}e^{-15\mu} = v^{15}(e^{-\mu})^{15} = v^{15}(p_x)^{15} \\ &= (0.9)^{15}(p_x)^{15} \\ E[Z^2] &= {}^2A_{\overset{1}{x}:\overline{15|}} = (v^{15})^2{}_{15}p_x = v^{2\times15}(p_x)^{15} = (0.9)^{30}(p_x)^{15} \\ Var(X) &= (0.9)^{30}(p_x)^{15} - (0.9)^{30}(p_x)^{30} = (0.9)^{30}(p_x)^{15}[1-(p_x)^{15}] \end{aligned} $$

이므로, 조건 (iii)에 의하여

$$ (0.9)^{30}(p_x)^{15}[1-(p_x)^{15}] = Var(X) = 0.065E[Z] = (0.065)(0.9)^{15}(p_x)^{15} $$

이다. 양변을 $(0.9)^{30}(p_x)^{15}$으로 나누면,

$$ (0.9)^{15}[1-(p_x)^{15}] = 0.065 $$

이므로 $(p_x)^{15} = 1 - \frac{0.065}{(0.9)^{15}} = 0.6843$이고, 따라서 $p_x = 0.975$이다. 결국

$$ q_x = 1 - p_x = 1 - 0.975 = 0.025 $$

가 된다. □

정리 5.1.11. (기본연속 n년 양로보험의 경우). *다음 결과들이 성립한다.*

(1) $(PVRV)\ Z = Z_{endow} = \begin{cases} v^T = e^{-\delta T}, & T \le n \\ v^n = e^{-\delta n}, & T > n \end{cases} = Z_{term} + Z_{pure}$

(2) $(APV)\ \overline{A}_{x:\overline{n}|} = E[Z] = \overline{A}^{1}_{x:\overline{n}|} + A_{x:\overline{n}|}^{\ \ \ \ 1}$

(3) $E[Z^2] = {}^2\overline{A}_{x:\overline{n}|} = {}^2\overline{A}^{1}_{x:\overline{n}|} + {}^2A_{x:\overline{n}|}^{\ \ \ \ 1}$

(4) $Var(Z) = E[Z^2] - E[Z]^2 = {}^2\overline{A}_{x:\overline{n}|} - (\overline{A}_{x:\overline{n}|})^2$

정리 5.1.12. (기본연속 n년 거치보험의 경우). *다음 결과들이 성립한다.*

(1) $(PVRV)\ Z = Z_{deferred} = \begin{cases} 0, & T \le n \\ v^T = e^{-\delta T}, & T > n \end{cases} = Z_{whole} - Z_{term}$

(2) $(APV)\ {}_{n|}\overline{A}_x = E[Z] = \overline{A}_x - \overline{A}^{1}_{x:\overline{n}|} = \int_n^{\omega-x} e^{-\delta t} \cdot {}_tp_x \cdot \mu_X(x+t)dt$
$= e^{-\delta n} \cdot {}_np_x \overline{A}_{x+n}$

(3) $E[Z^2] = {}^2_{n|}\overline{A}_x = e^{-2\delta n} \cdot {}_np_x \cdot {}^2\overline{A}_{x+n}$ *(참고 5.1.3을 보라.)*

(4) $Var(Z) = E[Z^2] - E[Z]^2 = {}^2_{n|}\overline{A}_x - ({}_{n|}\overline{A}_x)^2$

위의 식 (2)의 마지막 등식의 증명은 다음과 같다.

$$\begin{aligned}
\int_n^{\omega-x} e^{-\delta t}{}_tp_x\mu_X(x+t)dt &= \int_n^{\omega-x} v^t{}_tp_x\mu_X(x+t)dt \\
&= v^n{}_np_x\int_n^{\omega-x} v^{t-n}{}_{t-n}p_{x+n}\mu_X(x+t)dt \\
&= v^n{}_np_x\int_0^{\omega-(x+n)} v^u{}_up_{x+n}\mu_X(x+n+u)du \\
&= v^n{}_np_x\overline{A}_{x+n}
\end{aligned}$$

[예제] **5.1.13. < CAS 2003-11-7 >.** 다음과 같이 가정한다.

(i) $i = 0.05$

(ii) 상수 사력을 가진다.

(iii) $\mathring{e}_x = 16$

이때 ${}_{20|}\overline{A}_x$를 구하여라.

(풀이). 정리 5.1.12의 (2)를 이용한다. 즉, ${}_{20|}\overline{A}_x = e^{-20\delta}{}_{20}p_x\overline{A}_{x+20}$이다. 상수 사력 μ를 가지므로 ${}_{20}p_x = e^{-20\mu}$이고 $\overline{A}_{x+20} = \overline{A}_x = \frac{\mu}{\mu+\delta}$이다. 여기서 μ를 구하자. 상수 사력 μ를 가지므로 $T \sim E(\mu)$이다. 그러므로

$$\frac{1}{\mu} = E[T] = \mathring{e}_x = 16$$

이고, 따라서 $\mu = 0.0625$이다. 그리고 $\delta = \ln(1+i) = \ln(1.05) = 0.04879$이므로

$$\begin{aligned} {}_{20}p_x &= e^{(-20)(0.0625)} \\ \overline{A}_{x+20} &= \frac{\mu}{\mu+\delta} = \frac{0.0625}{0.0625+0.04879} \end{aligned}$$

이다. 따라서

$${}_{20|}\overline{A}_x = e^{(-20)(0.0625)}e^{(-20)(0.04879)}\frac{0.0625}{0.0625+0.04879} = 0.0606$$

를 얻는다. □

[예제] 5.1.14. < SOA/CAS 2001-11-8 >. 100명의 서로 독립인 사람들이 사망 순간에 10을 지불하는 연속 5년 거치사망보험에 다음과 같은 조건으로 가입하였다.

(i) $\mu = 0.04$

(ii) $\delta = 0.06$

(iii) 보험회사가 100명의 고객으로부터 납부받는 보험료의 합을 F라 둔다.

이때 정규근사를 이용하여, 보험료의 합이 보험금을 지불하기에 충분할 확률이 0.95가 되도록 F의 값을 정하여라.

(풀이). 고객 1인당 사망보험금 10의 계리적 현가는

$$\begin{aligned} E[Z_i] &= (10)({}_{5|}\overline{A}_x) = (10)e^{-5\delta}{}_5p_x\overline{A}_{x+5} = (10)e^{-5\delta}e^{-5\mu}\frac{\mu}{\mu+\delta} \\ &= (10)e^{(-5)(0.06)}e^{(-5)(0.04)}\frac{0.04}{0.04+0.06} \\ &= 2.4261 \end{aligned}$$

이다. 그러므로 100명의 고객에 대한 사망보험금 총액의 현가확률변수 $S = \sum_{i=1}^{100} Z_i$ 의 기댓값은

$$E[S] = \sum_{i=1}^{100} 2.4261 = (100)(2.4261) = 242.61$$

이다. 그리고

$$\begin{aligned} E[Z_i^2] &= (10)^2 e^{(-5)(2\delta)} {}_5p_x \overline{A}_{x+5} \\ &= (10)^2 e^{(-5)(0.12)} e^{(-5)(0.04)} \frac{0.04}{0.04+0.06} \\ &= 11.233, \\ Var(S) &= \sum_{i=1}^{100} Var(Z_i) = \sum_{i=1}^{100} [11.233 - (2.4261)^2] \\ &= (100)(5.347) \\ &= (23.12)^2 \end{aligned}$$

이다.

$$0.95 = P(S < F) = P\left(\frac{S - E[S]}{\sqrt{Var(S)}} \le \frac{F - E[S]}{\sqrt{Var(S)}} \right)$$

로부터

$$\frac{F - E[S]}{\sqrt{Var(S)}} = 1.645$$

이고, 결국

$$\begin{aligned} F &= 1.645\sqrt{Var(S)} + E[S] \\ &= (1.645)(23.12) + 242.61 \\ &= 280.64 \end{aligned}$$

를 얻는다. □

문제 5.1.15. Z를 x세에 종신보험을 계약한 사람의 사망보험금 b_T의 PVRV라 하자. 임의의 $t \geq 0$에 대하여,

(i) $b_t = e^{0.05t}$

(ii) $\delta_t = 0.06$

(iii) $\mu_X(t) = \mu = 0.01$ (상수 사력)

이때 $Var(Z)$를 구하여라.

문제 5.1.16. Z_1을 x세에 n년 사망보험을 계약한 사람의 사망보험금 1의 PVRV라 하고, Z_2를 x세에 n년 양로보험을 계약한 사람의 양로보험금 1의 PVRV라 하자. 다음 조건을 만족한다고 가정하자.

(i) $v^n = 0.2$

(ii) ${}_np_x = 0.5$

(iii) $E[Z_1] = 0.23$

(iv) $Var(Z_1) = 0.08$

(v) 사망보험금은 사망시점에 바로 지불한다. 즉, 연속생명보험이다.

이때 $Var(Z_2)$를 구하여라.

문제 5.1.17. Z를 60세에 5년 양로보험을 계약한 사람의 양로보험금 1000의 PVRV라 하자. 다음 조건을 만족한다고 가정하자.

(i) $\overline{A}_{60:\overline{5|}} = 0.7896$

(ii) ${}^2\overline{A}_{65} = 0.2836, \quad {}^2\overline{A}_{60} = 0.2196, \quad {}^2A_{\overset{1}{60:\overline{5|}}} = 0.5649$

이때 $Var(Z)$를 구하여라.

[예제] 5.1.18. < SOA 2003-11-2 >. (x)의 연속종신보험금 1000에 대하여, 다음을 가정한다.

$$\delta_t = \begin{cases} 0.04 & \text{if } 0 < t \le 10 \\ 0.05 & \text{if } t > 10 \end{cases}$$

이고,

$$\mu_X(t) = \begin{cases} 0.06 & \text{if } 0 < t \le 10 \\ 0.07 & \text{if } t > 10 \end{cases}$$

이다. 이 보험의 일시납 순보험료(=계리적 현가)를 구하여라.

(풀이). $1000\overline{A}_x$를 구하면 된다. 문제 5.1.16의 풀이과정과 같은 방법으로

$$\overline{A}_x = \overline{A}^1_{x:\overline{10|}} + A_{x:\overline{10|}}^{\;\;\;\;\;1}\,\overline{A}_{x+10}$$

가 성립함을 알 수 있다. 여기서 $\overline{A}^1_{x:\overline{10|}}$과 $A_{x:\overline{10|}}^{\;\;\;\;\;1}$은 $\delta_1 = 0.04$와 $\mu_1 = 0.06$을 사용하고 $\overline{A}_{x+10}$은 $\delta_2 = 0.05$와 $\mu_2 = 0.07$을 사용한다. $T \sim E(0.06)$으로부터 ${}_tp_x\mu_X(x+t) = f_T(t) = (0.06)e^{-0.06t}$이므로

$$\begin{aligned}\overline{A}^1_{x:\overline{10|}} &= \int_0^{10} e^{-\delta t}{}_tp_x\mu_X(x+t)dt \\ &= \int_0^{10} e^{-0.04t}(0.06)e^{-0.06t}dt \\ &= 0.37927\end{aligned}$$

이다. 예제 5.1.10의 풀이과정에서 ${}_{10}p_x = e^{-10\mu}$이므로

$$\begin{aligned}A_{x:\overline{10|}}^{\;\;\;\;\;1} &= v^{10}{}_{10}p_x = e^{-10\delta}{}_{10}p_x \\ &= e^{(-10)(0.04)}e^{(-0.06)(10)} \\ &= e^{-0.4}e^{-0.6} \\ &= e^{-1}\end{aligned}$$

이다. 그리고

$$\overline{A}_{x+10} = \frac{\mu_2}{\mu_2+\delta_2} = \frac{0.05}{0.05+0.07} = \frac{7}{12}$$

이다. 그러므로

$$\begin{aligned}1000\overline{A}_x &= 1000[\overline{A}^1_{x:\overline{10|}} + A_{x:\overline{10|}}^{\;\;\;\;\;1}\,\overline{A}_{x+10}] \\ &= 1000[0.37927 + \frac{7}{12}e^{-1}] = 593.87\end{aligned}$$

을 얻는다. □

제 5.2 절 이산생명보험 모델

사망하는 연도의 말에 보험금을 지불하는 생명보험을 **이산생명보험**이라 부른다. 방금 x세 사람이 이산종신보험에 가입하였다고 하자. 이 사람은 완전여명시간 $T(x)$ 후, 즉 시점 $x+T(x)$에서 사망한다. 간이여명시간 $K(x)$는 $K(x)=[T(x)]$이므로, 시점 $x+K(x)+1$에서 사망보험금 b_{K+1}을 지불한다. 즉, 이산종신보험은 x세 사람이 보험계약할 때 보험계약 후 $K(x)+1$차년도 말에 사망보험금을 지불하는 생명보험이다. 이 경우 사망보험금 b_{K+1}의 보험계약시점에서의 현가확률변수 Z는 다음과 같이 정의된다.

$$Z = b_{K+1} \cdot v^{K+1}$$

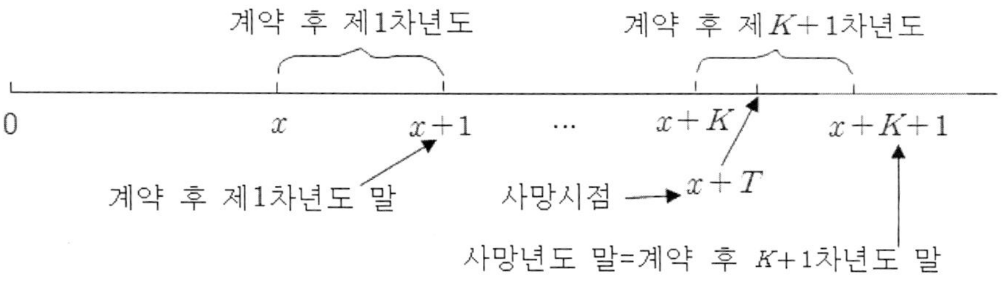

그림 5.2.1: 이산생명보험금의 현가확률변수 구하기

참고 5.2.1. 이산생명보험의 종류에 따라서, x세에 보험계약한 사람의 생명보험금 1의 일시납 순보험료(NSBP) 또는 계리적 현가(APV) $E[Z]$와 2차 모멘트 $E[Z^2]$을 다음과 같이 표기한다.

(1) 종신보험의 경우: $E[Z]=A_x,\ \ E[Z^2]={}^2A_x$

(2) n년 정기보험의 경우: $E[Z]=A^{1}_{x:\overline{n|}},\ \ E[Z^2]={}^2A^{1}_{x:\overline{n|}}$

(3) n년 거치보험의 경우: $E[Z] = {}_{n|}A_x$, $E[Z^2] = {}^2_{n|}A_x$

(4) n년 양로보험의 경우: $E[Z] = A_{x:\overline{n|}}$, $E[Z^2] = {}^2A_{x:\overline{n|}}$

결국 이산생명보험의 경우의 NSBP와 2차 모멘트의 기호는 연속인 경우에서 상단 Bar 기호 "$\overline{(\cdot)}$"를 생략하면 된다.

문제 5.2.2. 임의의 $n = 0, 1, 2, \cdots$에 대하여 $p_n = 0.95$이고 $i = 0.05$일 때, $A^1_{50:\overline{3|}}$을 구하여라.

문제 5.2.3. 어느 x세 사람이 n년 양로보험에 가입하려고 한다. 이 보험은 보험 가입 후 n년간 생존하면 n차년도 말에 생존보험금 1000을 지불하고, 만약 n년 이내에 사망하면 사망년도의 말에 일시납 순보험료를 사망보험금으로 지불한다. 일시납 순보험료는 600이다. 특별히 사망보험금을 1000으로 특약하는 경우의 일시납 순보험료는 800이라고 한다. 이 사람의 n년 생존보험금 1000을 위한 일시납 순보험료는 얼마인가?

정리 5.2.4. (de Moivre 가정하의 NSBP와 2차 모멘트).
"de Moivre의 법칙" 즉, $l_x = \omega - x$라는 가정하에 다음 공식이 성립한다. i와 δ를 각각 연 실효이자율과 이자력이라 하자.

(1) $A_x = \dfrac{1}{\omega - x} \cdot a_{\overline{\omega-x|}} = (1 - v^{\omega-x})/i(\omega - x),$

$\quad {}^2A_x = \dfrac{1}{\omega - x} \cdot {}^2a_{\overline{\omega-x|}} = (1 - v^{2(\omega-x)})/(2i + i^2)(\omega - x)$

(2) $A^1_{x:\overline{n|}} = \dfrac{1}{\omega - x} \cdot a_{\overline{n|}} = (1 - v^n)/i(\omega - x),$

$\quad {}^2A^1_{x:\overline{n|}} = \dfrac{1}{\omega - x} \cdot {}^2a_{\overline{n|}} = (1 - v^{2n})/(2i + i^2)(\omega - x)$

(3) $\overline{A}_x = \dfrac{1}{\omega - x} \cdot \overline{a}_{\overline{\omega-x|}} = (1 - v^{\omega-x})/\delta(\omega - x) = (1 - e^{-\delta(\omega-x)})/\delta(\omega - x),$

$\quad {}^2\overline{A}_x = \dfrac{1}{\omega - x} \cdot {}^2\overline{a}_{\overline{\omega-x|}} = (1 - v^{2(\omega-x)})/2\delta(\omega - x)$

$\quad = (1 - e^{-2\delta(\omega-x)})/2\delta(\omega - x)$

(4) $\overline{A}^1_{x:\overline{n|}} = \dfrac{1}{\omega - x} \cdot \overline{a}_{\overline{n|}} = (1 - v^n)/\delta(\omega - x) = (1 - e^{-\delta n})/\delta(\omega - x),$

$$^2A^1_{x:\overline{n|}} = \frac{1}{\omega - x} \cdot {}^2\overline{a}_{\overline{n|}} = (1 - v^{2n})/2\delta(\omega - x) = (1 - e^{-2\delta n})/2\delta(\omega - x)$$

증명. 참고 4.1.15의 (3)에 의하여

$$\begin{aligned} {}_{k|}q_x &= \frac{l_{x+k} - l_{x+k+1}}{l_x} \\ &= \frac{(\omega - (x+k)) - (\omega - (x+k+1))}{\omega - x} \\ &= \frac{1}{\omega - x} \end{aligned}$$

이고

$$\begin{aligned} {}_kp_x\mu_X(x+t) &= \frac{l_{x+t}}{l_x} \cdot \frac{-l'_{x+t}}{l_{x+t}} \\ &= \frac{-\frac{d}{dx}(\omega - x - t)}{\omega - x} \\ &= \frac{1}{\omega - x} \end{aligned}$$

이다.

(1) 다음과 같이 증명한다.

$$\begin{aligned} A_x &= \sum_{k=0}^{\infty} v^{k+1}{}_{k|}q_x = \sum_{k=0}^{\omega-x-1} v^{k+1}\frac{1}{\omega - x} \\ &= \frac{1}{\omega - x}\left(v + v^2 + \cdots + v^{\omega - x}\right) \\ &= \frac{1}{\omega - x} \cdot \frac{1 - v^{\omega - x}}{i} = \frac{1}{\omega - x} \cdot a_{\overline{\omega - x|}} \\ {}^2A_x &= \frac{1}{\omega - x} \cdot {}^2a_{\overline{\omega - x|}} = \frac{1}{\omega - x} \cdot \frac{1 - v^{2(\omega - x)}}{2i + i^2} \end{aligned}$$

(2) 다음과 같이 증명한다.

$$\begin{aligned} A^1_{x:\overline{n|}} &= \sum_{k=0}^{n-1} v^{k+1}{}_{k|}q_x = \sum_{k=0}^{n-1} v^{k+1}\frac{1}{\omega - x} \\ &= \frac{1}{\omega - x}\left(v + v^2 + \cdots + v^n\right) = \frac{1}{\omega - x} \cdot \frac{1 - v^n}{i} \\ &= \frac{1}{\omega - x} \cdot a_{\overline{n|}}, \\ {}^2A^1_{x:\overline{n|}} &= \frac{1}{\omega - x} \cdot {}^2a_{\overline{n|}} \\ &= (1 - v^{2n})/(2i + i^2)(\omega - x) \end{aligned}$$

(3) 예제 5.1.4의 (1)을 참고하기 바란다. ${}^2\overline{A}_x$는 $\overline{A}_x$의 공식에서 δ 대신 2δ를 쓰면 된다.

(4) $\overline{A}^{1}_{x:\overline{n}|}$은 $\overline{A}_x$의 공식의 분자에서 $\omega - x$ 대신 n을 쓰면 된다. □

정리 5.2.5. (상수 사력 가정하의 NSBP와 2차 모멘트).
상수 사력 $\mu_X(x) = \mu$를 가진다고 가정하자. 이 가정 아래에서, 임의의 x에 대하여, $s_X(x) = \exp\{-\int_0^x \mu_X(t)dt\} = \exp\{-\int_0^x \mu dt\} = e^{-\mu x}$이므로 $p_x = {}_1p_x = s_X(x+1)/s_X(x) = e^{-\mu(x+1)}/e^{-\mu x} = e^{-\mu} = p$라 두고 $q = 1 - p$라 하자. 그리고 i와 δ를 각각 연 실효이자율과 이자력이라 하자. 그러면 다음 공식이 성립한다.

(1) $A_x = q/(q+i), \quad {}^2A_x = q/(q+2i+i^2), \quad A^{1}_{x:\overline{n}|} = q(1-v^np^n)/(q+i)$

(2) $\overline{A}_x = \mu/(\mu+\delta), \quad {}^2\overline{A}_x = \mu/(\mu+2\delta), \quad \overline{A}^{1}_{x:\overline{n}|} = \mu(1-e^{-n(\mu+\delta)})/(\mu+\delta)$

증명. $s_X(x) = e^{-\mu x}$이므로, K의 확률질량함수는

$$\begin{aligned} f_K(k) &= {}_{k|}q_x = {}_kp_xq_{x+k} \\ &= \frac{s_X(x+k)}{s_X(x)}(1-p_{x+k}) \\ &= \frac{s_X(x+k)}{s_X(x)}\left(1 - \frac{s_X(x+k+1)}{s_X(x+k)}\right) \\ &= \frac{e^{-\mu(x+k)}}{e^{-\mu x}}\left(1 - \frac{e^{-\mu(x+k+1)}}{e^{-\mu(x+k)}}\right) \\ &= e^{-\mu k}(1-e^{-\mu}) \end{aligned}$$

이다. 그러므로

$$\begin{aligned} A_x &= E[Z] = E[e^{-\delta(K+1)}] \\ &= \sum_{k=0}^{\infty} e^{-\delta(k+1)}e^{-\mu k}(1-e^{-\mu}) \\ &= e^{-\delta}(1-e^{-\mu})\sum_{k=0}^{\infty}\left[e^{-(\delta+\mu)}\right]^k \end{aligned}$$

$$= e^{-\delta}(1-e^{-\mu})\frac{1}{1-e^{-(\delta+\mu)}}$$
$$= \frac{1-e^{-\mu}}{e^{\delta}-e^{-\mu}} = \frac{q_x}{(1+i)-(1-q_x)} = \frac{q_x}{i+q_x}$$
$$= \frac{q}{i+q}$$

이다. 예제 5.1.4의 (2)에서 확인한 바와 같이

$$\overline{A}_x = \int_0^\infty e^{-\delta t}e^{-\mu t}\mu dt = \frac{\mu}{\mu+\delta}$$

이다. 분명히

$$\overline{A}^1_{x:\overline{n|}} = \int_0^n e^{-\delta t}e^{-\mu t}\mu dt = \frac{\mu(1-e^{-n(\mu+\delta)})}{\mu+\delta},$$
$$A^1_{x:\overline{n|}} = v^n{}_np_x = e^{-\delta n}e^{-\mu n} = e^{-n(\mu+\delta)}$$

가 성립한다. □

문제 5.2.6. Z를 x세에 보험에 가입한 사람이 사망 순간에 지불받는 종신보험금 1의 PVRV라 하자. 다음 가정이 주어져 있다.

(i) 임의의 $t \geq 0$에 대하여, $\mu_X(x) = 0.05$

(ii) $\delta = 0.10$

이때 $\frac{d}{dx}\overline{A}_x$와 $Var(Z)$를 구하여라.

참고 5.2.7. 만약 Z의 밀도함수 $f_Z(z)$를 구할 수 있으면, 정리 5.2.4의 증명에서 $\overline{A}_x$를 $\overline{A}_x = E[Z] = \int_0^\infty zf_Z(z)dz$에 의하여 계산할 수 있을 것이다. 그래서 $f_Z(z)$를 구해 보자.

$$Z = v^T = e^{-\delta T} = g(T), \quad 0 \leq T \leq \omega - x$$

에서, 범위 $0 \leq T \leq \omega - x$는 범위 $1 = e^{-0} \geq e^{-\delta T} \geq e^{-\delta(\omega-x)} = v^{\omega-x}$, 즉 $v^{\omega-x} \leq Z \leq 1$과 동치이다. 그러므로 위의 식은 다음과 같이 고칠 수 있다.

$$T = g^{-1}(Z) = \frac{-\ln Z}{\delta}, \quad v^{\omega-x} \le Z \le 1$$

따라서 임의의 $v^{\omega-x} \le z \le 1$에 대하여,

$$\begin{aligned} f_Z(z) = f_{g(T)}(z) &= f_T(g^{-1}(z))|(g^{-1})'(z)| \\ &= f_T\left(\frac{-\ln z}{\delta}\right)\left|\left(\frac{-\ln z}{\delta}\right)'\right| \\ &= f_T\left(\frac{-\ln z}{\delta}\right)/(\delta z) \end{aligned}$$

임을 알 수 있다.

[예제] 5.2.8. 드 모아브르의 가정하에서 $f_Z(z)$와 $E[Z^k]$을 구하여라.

(풀이). $l_x = \omega - x$라는 가정하에서, $f_T(t) = 1/(\omega - x), \quad 0 \le t \le \omega - x$이다. 따라서 참고 5.2.7에 의하여

$$\begin{aligned} f_Z(z) &= f_T\left(\frac{-\ln z}{\delta}\right)/(\delta z) = \frac{1}{\omega - x}\cdot\frac{1}{\delta z}, \quad v^{\omega-x} \le z \le 1, \\ E[Z^k] &= \int_u^1 z^k \cdot \frac{1}{\omega-x}\cdot\frac{1}{\delta z}dz = \frac{1}{\delta(\omega-x)}\left[\frac{z^k}{k}\right]_u^1 \\ &= \frac{1}{\omega-x}\cdot\frac{1-v^{k(\omega-x)}}{k\delta} = \frac{1}{\omega-x}\cdot {}^k\overline{a}_{\overline{\omega-x|}} \end{aligned}$$

를 얻는다. □

문제 5.2.9. 상수 사력의 가정하에서 $f_Z(z)$와 $E[Z^k]$을 구하여라.

정리 5.2.10. (UDD 가정하에서 이산과 연속보험모델의 관계).
i와 δ를 각각 연 실효이자율과 이자력이라 하자. UDD 가정하에서, 다음과 같은 공식이 성립한다.

(1) $\overline{A}_x = \frac{i}{\delta}A_x$

(2) $\overline{A}^{1}_{x:\overline{n}|} = \dfrac{i}{\delta} A^{1}_{x:\overline{n}|}$

(3) $\overline{A}_{x:\overline{n}|} = \overline{A}^{1}_{x:\overline{n}|} + A_{x:\overline{n}|}^{\ \ \ \ 1} = \dfrac{i}{\delta} A^{1}_{x:\overline{n}|} + A_{x:\overline{n}|}^{\ \ \ \ 1}$

증명. (1) UDD 가정하에서, 정리 4.2.4에 의하면, $T = K + S$일 때 K와 S는 독립이고 $S \sim U(0,1)$이다. 그러므로

$$\begin{aligned}\overline{A}_x = E[Z] &= E[v^T] = E[v^{K+S}] = E[v^{K+1} \cdot v^{S-1}] \\ &= E[v^{K+1}]E[v^{S-1}] = A_x E[v^{S-1}]\end{aligned}$$

여기서

$$\begin{aligned}E[v^{S-1}] &= \int_0^1 v^{s-1} f_S(s) ds = \int_0^1 v^{s-1} \cdot 1 ds = \int_0^1 e^{-(s-1)\delta} ds \\ &= \int_0^1 e^{\delta - s\delta} ds = \left[\frac{e^{\delta - s\delta}}{-\delta}\right]_{s=0}^{1} = \frac{e^{\delta}-1}{\delta} = \frac{1+i-1}{\delta} = \frac{i}{\delta}\end{aligned}$$

이므로

$$\overline{A}_x = E[v^{S-1}]A_x = \frac{i}{\delta} A_x$$

이 성립한다.

(2) 증명은 (1)과 같은 계산에 의하여 증명된다.

(3) 증명은 (2)로부터 분명하다. □

문제 5.2.11. 이산생명보험모델에서 다음 재귀방정식을 증명하여라.

(1) $A_x = A^{1}_{x:\overline{1}|} + A_{x:\overline{1}|}^{\ \ \ \ 1} \cdot A_{x+1} = v \cdot q_x + v \cdot p_x \cdot A_{x+1}$

$A^{1}_{x:\overline{n}|} = A^{1}_{x:\overline{1}|} + A_{x:\overline{1}|}^{\ \ \ \ 1} \cdot A^{1}_{x+1:\overline{n-1}|} = v \cdot q_x + v \cdot p_x \cdot A^{1}_{x+1:\overline{n-1}|}$

$A_{x:\overline{n}|} = A^{1}_{x:\overline{1}|} + A_{x:\overline{1}|}^{\ \ \ \ 1} \cdot A_{x+1:\overline{n-1}|} = v \cdot q_x + v \cdot p_x \cdot A_{x+1:\overline{n-1}|}$

(2) $A_x = A^{1}_{x:\overline{n}|} + A_{x:\overline{n}|}^{\ \ \ \ 1} \cdot A_{x+n} = \sum_{k=0}^{n} v^{k+1} \cdot {}_{k|}q_x + v^n \cdot {}_n p_x \cdot A_{x+n}$

연속생명보험모델의 경우에는 위의 식의 첫번째 등식에서 $A_{x:\overline{1}|}^{\ \ \ \ 1}$을 제외한 모든 NSBP에 상단 Bar 기호 "$\overline{(\cdot)}$"를 붙이면 된다.

문제 5.2.12. (1) 다음 값들이 주어져 있다.

$$s_X(40) = 0.500, \quad s_X(41) = 0.475, \quad i = 0.06, \quad \overline{A}_{41} = 0.54$$

UDD 가정하에서 A_{40}을 구하여라.

(2) 다음 값들이 주어져 있다.

$$A_x = 0.25, \quad A_{x+20} = 0.40, \quad A_{x:\overline{20|}} = 0.55, \quad i = 0.03$$

UDD 가정하에서 $1000\overline{A}_{x:\overline{20|}}$을 구하여라.

문제 5.2.13. $i = 0.06$이고 $A_{25} = 0.08165$라 가정하자. UDD 가정하에서, 다음 물음에 답하여라.

(1) 25세 사람이 사망하는 연도의 말에 지불하는 종신보험금 1000에 대한 일시납 순보험료(NSP)를 구하여라.

(2) 25세 사람이 사망하는 순간 곧 바로 지불하는 종신보험금 1000에 대한 일시납 순보험료(NSP)를 구하여라.

문제 5.2.14. Z가 x세 사람의 이산 1년 정기보험금 1000의 현가확률변수이고,

(i) $E[Z] = 20$

(ii) $Var(Z) = 17,600$

을 만족할 때, 연 실효이자율 i의 값을 구하여라.

제 6 장

생명연금

생명연금(life annuity)이란 사람이 살아있는 동안 일정한 시간 간격으로, 혹은 연속적으로, 지불하는 현금의 흐름이다.

- 연금지불기간은 제한적이거나 또는 평생 동안이 될 수 있다.
- 연금지불시점은 지불구간의 시점 또는 종점이 될 수 있다.
- 연금지불 개시는 즉시 또는 적당한 기간 거치 후가 될 수 있다.

생명연금은 연금의 지불방법에 따라서 다음과 같이 분류된다.

(1) **종신연금**(whole life annuity): 특별한 제한없이 평생 동안 연금을 지불한다.

(2) n**년 정기생명연금**(n-year temporary life annuity): 보험계약 후 n년 이내에 사망할 때까지 연금을 지불한다.

(3) n**년 거치생명연금**(n-year deferred life annuity): 보험계약시점에서 n년 후부터 사망할 때까지 연금을 지불한다.

(4) n**년 확정 후 종신연금**(n-year certain and life annuity): 보험계약 후 사망 여부에 무관하게 n년까지는 확정적으로 연금을 지불하고 n년 이상 생존하면 사망할 때까지 연금을 지불한다.

제 6.1 절 기본연속생명연금

정의 6.1.1. (연속종신연금의 현가확률변수). 연속종신연금(continuous whole life annuity)이란, 사망할 때까지 임의의 짧은 기간에도 지불(이것을 '연속적으로 지불한다'고도 한다)하는 연금이다. 시점 t에서 연 지불률(annual rate of payment) P_t로 연금을 지불한다고 하자. x세 사람이 시점 t에서 생존해 있을 때, $[t,\ t+dt]$ 동안 지불하는 연금은 $P_t dt$가 된다. 이 금액의 시점 $t=0$, 즉, 나이 x에서의 현가는 $v^t \cdot P_t dt$이고 따라서 x세 사람의 여명기간 $[0,\ T]$ 동안 지불하는 연금의 현가확률변수 Y는 다음과 같이 주어진다.

$$Y = \int_0^T v^t \cdot P_t dt$$

먼저 **기본연속종신연금**(basic continuous whole life annuity)을 생각하자. 이것은 평생 동안 1(단위원/년)을 연속적으로 지불하는 연금이다. 그러므로 임의의 $0 \le t \le \omega - x$에 대하여, $P_t = 1$이고 따라서 이 연금의 현가확률변수 Y는

$$Y = \int_0^T v^t \cdot 1dt = \int_0^T e^{-\delta t}dt = \frac{1-e^{-\delta T}}{\delta} \left(= \frac{1-v^T}{\delta}\right) = \overline{a}_{\overline{T|}}$$

이다. 이것의 기댓값 $\overline{a}_x$는

$$\overline{a}_x \equiv APV(Y) = E[Y] = \int_0^{\omega-x} \overline{a}_{\overline{t|}} \cdot {}_tp_x \cdot \mu_X(x+t)dt$$

이다. 이 공식에 의한 $\overline{a}_x$의 계산법을 **총액 지불기법**(aggregate payment technique)이라 부른다. 한편, 우변의 적분에서

$$u = \overline{a}_{\overline{t|}} = \frac{1-v^t}{\delta}, \qquad dv = {}_tp_x \cdot \mu_X(x+t)dt$$

라 두면

$$du = -\frac{1}{\delta} \cdot \frac{d}{dt}\left(e^{-\delta t}\right) dt = e^{-\delta t}dt = v^t dt, \quad v = -{}_tp_x$$

이므로, 부분적분법에 의하여

$$\overline{a}_x = E[Y] = \int_0^{\omega - x} v^t {}_tp_x dt$$

가 성립한다. 이 공식에 의한 계산법을 **현가 지불기법**(current payment technique)이라 부른다.

참고 6.1.2. (분산의 계산).

$$\begin{aligned}
E[Y^2] &= E\left[\left(\frac{1-v^T}{\delta}\right)^2\right] = E\left[\frac{1-2v^T+v^{2T}}{\delta^2}\right] \\
&= E\left[\frac{(2-2v^T)-(1-v^{2T})}{\delta^2}\right] = E\left[\frac{2}{\delta}\cdot\frac{1-v^T}{\delta} - \frac{2}{\delta}\cdot\frac{1-v^{2T}}{2\delta}\right] \\
&= \frac{2}{\delta}\left(E\left[\frac{1-v^T}{\delta}\right] - E\left[\frac{1-v^{2T}}{2\delta}\right]\right) \\
&= \frac{2}{\delta}\left(\overline{a}_x - {}^2\overline{a}_x\right)
\end{aligned}$$

그러므로 $Var(Y)$는 다음과 같이 주어진다.

$$Var(Y) = E[Y^2] - E[Y]^2 = \frac{2}{\delta}\left(\overline{a}_x - {}^2\overline{a}_x\right) - \overline{a}_x^2$$

참고 6.1.3. (Z를 이용한 $Var(Y)$의 계산). 기본연속종신사망보험금의 PVRV Z는 $Z = v^T = e^{-\delta T}$이므로,

$$Y = \bar{a}_{\overline{T}|} = \frac{1-v^T}{\delta} = \frac{1-Z}{\delta}$$

이다. 여기서 $E[Z] = \bar{A}_x$이고 $Var(Z) = {}^2\bar{A}_x - (\bar{A}_x)^2$이므로,

$$\begin{aligned} \bar{a}_x = E[Y] = E\left[\frac{1-Z}{\delta}\right] &= \frac{1-E[Z]}{\delta} = \frac{1-\bar{A}_x}{\delta}, \\ Var(Y) = Var\left(\frac{1-Z}{\delta}\right) &= \frac{1}{\delta^2}Var(1-Z) \\ &= \frac{1}{\delta^2}Var(Z) = \frac{{}^2\bar{A}_x - (\bar{A}_x)^2}{\delta^2} \end{aligned}$$

이다. 첫 번째 공식으로부터 관계식 $1 = \delta\bar{a}_x + \bar{A}_x$를 얻는다.

[예제] 6.1.4. < SOA/CAS 2000-5-39 >. x세 사람 (x)의 기본연속종신연금에 대하여 다음을 가정한다.

(i) 여명 $T(x)$가 상수 사력 $\mu = 0.06$을 따른다.

(ii) 이자력 $\delta = 0.04$

이때 $P(\bar{a}_{\overline{T}|} > \bar{a}_x)$를 계산하여라.

(풀이). 다음과 같이 계산한다.

$$\begin{aligned} P(\bar{a}_{\overline{T}|} > \bar{a}_x) &= P\left(\frac{1-v^T}{\delta} > \bar{a}_x\right) \\ &= P\left(\frac{1-v^T}{\delta} > \frac{1-\bar{A}_x}{\delta}\right) \\ &= P(v^T > \bar{A}_x) \\ &= P\left(e^{-\delta T} < \frac{\mu}{\mu+\delta}\right) \\ &= P\left(-\delta T < \ln\left(\frac{\mu}{\mu+\delta}\right)\right) \\ &= P\left(T > -\frac{1}{\delta}\ln\left(\frac{\mu}{\mu+\delta}\right)\right) \\ &= P\left(T > -\frac{1}{0.04}\ln\left(\frac{0.06}{0.10}\right)\right) \end{aligned}$$

$$= P(T > 12.77) = 1 - P(T \leq 12.77)$$
$$= 1 - (1 - e^{-(12.77)(0.06)})$$
$$= 0.4648$$

이다. □

참고 6.1.5. (기본연속 n년 정기생명연금의 경우). x세 사람에게 n년 이내에 살아있는 동안 연금 1(원/년)을 연속적으로 지불하는 경우인데, 다음 결과가 성립한다.

$$Y = \text{연금의 현가확률변수} = \begin{cases} \overline{a}_{\overline{T|}} = (1 - v^T)/\delta, & T \leq n \\ \overline{a}_{\overline{n|}} = (1 - v^n)/\delta, & T > n \end{cases}$$

$$\begin{aligned} \overline{a}_{x:\overline{n|}} &\equiv E[Y] \\ &= \int_0^n \overline{a}_{\overline{t|}} \cdot {}_tp_x \cdot \mu_X(x+t)dt + \int_n^{\omega-x} \overline{a}_{\overline{n|}} \cdot {}_tp_x \cdot \mu_X(x+t)dt \\ &= \int_0^n \frac{1 - v^t}{\delta} {}_tp_x \cdot \mu_X(x+t)dt + \overline{a}_{\overline{n|}} \cdot {}_np_x \quad (\text{총액 지불기법}) \\ &= \int_0^n v^t {}_tp_x dt \quad (\text{현가 지불기법}) \end{aligned}$$

가 성립한다. 여기에서

$$\begin{aligned} Z &= \text{기본연속 } n\text{년 양로보험금의 현가확률변수} \\ &= \begin{cases} v^T, & T \leq n \\ v^n, & T > n \end{cases} \end{aligned}$$

일 때,

$$Y = \frac{1 - Z}{\delta}, \qquad \text{즉, } 1 = \delta Y + Z$$

이므로, 다음 관계가 성립한다.

$$1 = \delta \overline{a}_{x:\overline{n|}} + \overline{A}_{x:\overline{n|}},$$
$$Var(Y) = Var\left(\frac{1-Z}{\delta}\right) = \frac{1}{\delta^2}\{{}^2\overline{A}_{x:\overline{n|}} - (\overline{A}_{x:\overline{n|}})^2\}$$

참고 6.1.6. (기본연속 n년 거치생명연금의 경우). x세 사람에게 n년 후부터 살아있는 동안 연금 1(원/년)을 연속적으로 지불하는 경우인데, 다음 결과가 성립한다.

$$Y = \text{연금의 현가확률변수} = \begin{cases} 0, & T \le n \\ \overline{a}_{\overline{T|}} - \overline{a}_{\overline{n|}}, & T > n \end{cases}$$

$$\begin{aligned} {}_{n|}\overline{a}_x &\equiv E[Y] \\ &= \int_0^n 0dt + \int_n^{\omega-x} (\overline{a}_{\overline{t|}} - \overline{a}_{\overline{n|}})_t p_x \cdot \mu_X(x+t)dt \\ &= \int_n^{\omega-x} (\overline{a}_{\overline{t|}} - \overline{a}_{\overline{n|}})_t p_x \cdot \mu_X(x+t)dt \quad (\text{총액 지불기법}) \\ &= \int_n^{\omega-x} v^t {}_t p_x dt \quad (\text{현가 지불기법}) \end{aligned}$$

$$\begin{aligned} E[Y^2] &= \int_n^{\omega-x} (\overline{a}_{\overline{t|}} - \overline{a}_{\overline{n|}})^2 {}_t p_x \cdot \mu_X(x+t)dt \quad \left(\overline{a}_{\overline{t|}} - \overline{a}_{\overline{n|}} = \frac{v^n(1-v^{t-n})}{\delta}\right) \\ &= v^{2n} \int_n^{\omega-x} \left(\frac{1-v^{t-n}}{\delta}\right)^2 {}_n p_x \cdot {}_{t-n}p_{x+n} \cdot \mu_X(x+n+t-n)dt \\ &= v^{2n} \cdot {}_n p_x \int_{s=0}^{\omega-(x+n)} \left(\frac{1-v^s}{\delta}\right)^2 {}_s p_{x+n} \cdot \mu_X(x+n+s)ds \quad (s = t-n) \\ &= v^{2n} \cdot {}_n p_x \cdot \frac{2}{\delta}(\overline{a}_{x+n} - {}^2\overline{a}_{x+n}) \end{aligned}$$

이고, 따라서 $Var(Y)$는 다음과 같이 주어진다.

$$Var(Y) = v^{2n} \cdot {}_n p_x \cdot \frac{2}{\delta}(\overline{a}_{x+n} - {}^2\overline{a}_{x+n}) - {}_{n|}\overline{a}_x^2$$

참고 6.1.7. (기본연속 n년 확정 후 종신연금의 경우). x세 사람에게 사망여부에 무관하게 n년까지는 확정적으로 1(원/년)을 연속적으로 지불하고, n년 이상 생존하면 사망할 때까지 1(원/년)을 연속적으로 지불하는 연금인데, 다음 결과가 성립한다.

$$Y = \text{연금의 현가확률변수} = \begin{cases} \bar{a}_{\overline{n|}}, & T \le n \\ \bar{a}_{\overline{T|}}, & T > n \end{cases}$$

$$= \bar{a}_{\overline{n|}} + \begin{cases} 0, & T \le n \\ \bar{a}_{\overline{T|}} - \bar{a}_{\overline{n|}}, & T > n \end{cases}$$

$$= \bar{a}_{\overline{n|}} + Y_d$$

여기서 Y_d는 n년 거치생명연금의 현가확률변수이다.

$$\begin{aligned} \bar{a}_{\overline{x:\overline{n|}}} &\equiv APV(Y) = E[Y] \\ &= \bar{a}_{\overline{n|}} + {}_{n|}\bar{a}_x = \bar{a}_{\overline{n|}} + \int_n^{\omega-x} v^t {}_tp_x dt \quad (\text{현가 지불기법}) \\ &= \bar{a}_{\overline{n|}}\, {}_nq_x + \int_n^{\omega-x} \bar{a}_{\overline{t|}}\; {}_tp_x \cdot \mu_X(x+t)dt \quad (\text{총액 지불기법}) \end{aligned}$$

$$\begin{aligned} Var(Y) &= Var(\bar{a}_{\overline{n|}} + Y_d) = Var(Y_d) \\ &= v^{2n} \cdot {}_np_x \cdot \frac{2}{\delta}(\bar{a}_{x+n} - {}^2\bar{a}_{x+n}) - {}_{n|}\bar{a}_x^2 \end{aligned}$$

로 주어진다. 여기서 현가 지불기법 공식은 거치생명연금의 계리적 현가의 공식을 이용하였다. 그리고 총액 지불기법 공식은 다음과 같이하여 유도된다.

$$\begin{aligned} \bar{a}_{\overline{x:\overline{n|}}} &\equiv APV(Y) = E[Y] \\ &= \int_0^n \bar{a}_{\overline{n|}}\; {}_tp_x \cdot \mu_X(x+t)dt + \int_n^{\omega-x} \bar{a}_{\overline{t|}}\; {}_tp_x \cdot \mu_X(x+t)dt \\ &= \int_0^n \bar{a}_{\overline{n|}}\; d({}_tp_x) + \int_n^{\omega-x} \bar{a}_{\overline{t|}}\; {}_tp_x \cdot \mu_X(x+t)dt \\ &= \bar{a}_{\overline{n|}}\; [-{}_tp_x]_0^n + \int_n^{\omega-x} \bar{a}_{\overline{t|}}\; {}_tp_x \cdot \mu_X(x+t)dt \end{aligned}$$

$$
\begin{aligned}
&= \bar{a}_{\overline{n}|}\,(-{}_np_x - {}_0p_x) + \int_n^{\omega-x} \bar{a}_{\overline{t}|}\;{}_tp_x \cdot \mu_X(x+t)dt \\
&= \bar{a}_{\overline{n}|}\,(1 - {}_np_x) + \int_n^{\omega-x} \bar{a}_{\overline{t}|}\;{}_tp_x \cdot \mu_X(x+t)dt \\
&= \bar{a}_{\overline{n}|}\;{}_nq_x + \int_n^{\omega-x} \bar{a}_{\overline{t}|}\;{}_tp_x \cdot \mu_X(x+t)dt
\end{aligned}
$$

문제 6.1.8. 다음 물음에 답하여라.

(1) $\bar{a}_{20}$과 $\bar{a}_{\overline{20}|}$을 비교하여 설명하여라. 만약 $\omega = 100$이면 $\bar{a}_{20} < \bar{a}_{\overline{80}|}$인 이유는 무엇인가?

(2) 임의의 $0 \le x < \infty$에 대하여 $l_x = \omega - x$일 때, 즉, 드 모아브르 법칙(de Moivre's Law)하에서, $\bar{a}_x$를 구하여라.

(3) 임의의 $t \ge 0$에 대하여 $\mu_X(t) = \mu$(상수)일 때, 즉, 상수 사력을 가질 때, $\bar{a}_x$를 구하여라.

문제 6.1.9. x세 사람이 다음 조건을 만족하는 기본연속 5년 확정 후 종신연금에 가입하였다.

(i) $\mu_X(t) = 0.01, \quad t \ge 0$

(ii) $\delta = 0.04$

이 연금의 현가확률변수 Y의 분포함수를 $F_Y(y)$라 할 때, $F_Y(30) - F_Y(5)$를 계산하여라.

제 6.2 절 기본이산생명연금

정의 6.2.1. (이산 기초지불 종신연금의 현가확률변수). 이산종신연금(discrete whole life annuity due)이란, x세 사람이 사망할 때까지 나이 x, $x+1$, $\cdots$, $x+K$가 되는 해의 초에 각각 P_0, P_1, $\cdots$, P_K씩을 지불하는 연금이다. 이 연금의

흐름의 현가확률변수 Y는 $Y = \sum_{k=0}^{K} P_k \cdot v^k = P_0 + P_1 \cdot v^1 + \cdots + P_K \cdot v^K$가 된다.

먼저 x세 사람에게 사망년도까지 매년 초에 1원씩 지불하는 **기본이산 기초지불 종신연금**(basic discrete whole life annuity due)을 생각하자. 이 연금은 모든 $k = 0, 1, \cdots, K$에 대하여, $P_k = 1$이다. 이 경우 연금의 현가확률변수 Y는

$$Y = \sum_{k=0}^{K} 1 \cdot v^k = \frac{1 - v^{K+1}}{d} = \ddot{a}_{\overline{K+1|}}$$

이 되는데, 이것은 확률변수 K의 함수로 주어져 있다. 단, $d = i/(1+i)$는 연 실효 할인율이다. K의 확률질량함수 $f_K(k)$가

$$\begin{aligned} f_K(k) &= P(K = k) = {}_{k|}q_x \\ &= {}_kp_x \cdot q_{x+k} = {}_kp_x(1 - p_{x+k}) = {}_kp_x - {}_{k+1}p_x \end{aligned}$$

에 의해 주어지므로, 이 연금의 APV, 즉 $E[Y]$를 $\ddot{a}_x$로 표시하고 다음과 같이 계산한다.

$$\begin{aligned} \ddot{a}_x \equiv APV(Y) &= E[Y] = E[\ddot{a}_{\overline{K+1|}}] \\ &= \sum_{k=0}^{\omega-x-1} \ddot{a}_{\overline{k+1|}} \cdot {}_{k|}q_x \quad (\text{총액 지불기법}) \\ &= \sum_{k=0}^{\omega-x-1} \frac{1 - v^{k+1}}{d}({}_kp_x - {}_{k+1}p_x) \\ &= \sum_{k=0}^{\omega-x-1} 1 \cdot v^k \cdot {}_kp_x \quad (\text{현가 지불기법}) \end{aligned}$$

마지막 등식은 위의 식을 전개하여 정리하면 얻어진다.

문제 6.2.2. 어떤 사람이 금액 B를 연 실효이자율 i로 은행에 예금하였다. 다음 물음에 답하여라.

(1) 금액 B가 이 사람이 평생 동안 해마다 연초에 1(원/년)씩 인출하여 사용하고도 남을 확률을 구하여라.

(2) $B = 10$이고 $i = 0.06$일 때, 이 확률은 ${}_kq_x$이다. 이때 k의 값을 구하여라.

참고 6.2.3. 사망년도의 말에 사망보험금 1, 즉, 기본이산종신보험금 1의 현가확률변수를 Z라 하자. $Z = v^{K+1}$이고 $E[Z] = A_x$이므로 다음 결과를 얻는다.

$$Y = \ddot{a}_{\overline{K+1|}} = \frac{1 - v^{K+1}}{d} = \frac{1 - Z}{d} \text{ (혹은, } 1 = dY + Z),$$

$$\ddot{a}_x = E[Y] = E\left[\frac{1 - Z}{d}\right] = \frac{1 - E[Z]}{d} = \frac{1 - A_x}{d},$$

(따라서 $1 = d\ddot{a}_x + A_x$ 가 성립한다.)

$$Var(Y) = \frac{1}{d^2}Var(Z) = \frac{1}{d^2}({}^2A_x - (A_x)^2)$$

문제 6.2.4. 다음과 같이 생명표의 일부가 주어져 있다.

x	90	91	92	93
l_x	100	72	39	0

90세 사람에게 지불하는 기본이산 기초지불 종신연금의 현가확률변수를 Y라 할 때, 다음을 구하여라. 단, $i = 0.6$이다.

(1) Y의 분포

(2) $\ddot{a}_{90} = E[Y]$

(3) $Var(Y)$

참고 6.2.5. (기본이산 기초지불 n년 정기생명연금의 경우). 이 경우 연금의 PVRV Y와 계리적 현가 $\ddot{a}_{\overline{n|}}$는 다음과 같이 주어진다.

$$Y = \text{연금의 현가확률변수} = \begin{cases} \ddot{a}_{\overline{K+1}|} = (1-v^T)/d, & K = 0, 1, \cdots, n-1 \\ \ddot{a}_{\overline{n}|} = (1-v^n)/d, & K = n, n+1, \cdots \end{cases}$$

$$\begin{aligned} \ddot{a}_{x:\overline{n}|} &\equiv APV(Y) = E[Y] \\ &= \sum_{k=0}^{n-1} v^k \cdot {}_kp_x \quad (\text{현가 지불기법}) \\ &= \sum_{k=0}^{n-1} \ddot{a}_{\overline{k+1}|} \cdot {}_kp_x \cdot q_{x+k} + \ddot{a}_{\overline{n}|} \cdot {}_np_x \quad (\text{총액 지불기법}) \end{aligned}$$

여기서 ${}_kp_x \cdot q_{x+k} = {}_{n|}q_x$이다.

기본이산 기초지불 n년 양로보험금의 현가확률변수를 Z라 할 때, 다음이 성립한다.

$$Y = \frac{1-Z}{d},$$

$$1 = d\ddot{a}_{x:\overline{n}|} + A_{x:\overline{n}|},$$

$$Var(Y) = \frac{1}{d^2}({}^2A_{x:\overline{n}|} - (A_{x:\overline{n}|})^2)$$

[예제] 6.2.6. < SOA/CAS 2001-11-26 >. 다음 조건들을 가정한다.

(i) $A_x = 0.28$ (ii) $A_{x+20} = 0.40$

(iii) $A_{x:\overline{20}|}^{\;\;\,1} = 0.25$ (vi) $i = 0.05$

이때 $a_{x:\overline{20}|}$을 구하여라.

(풀이). 먼저 기본이산 기초지불 20년 일시생명연금의 현가확률변수의 기댓값 $\ddot{a}_{x:\overline{20}|}$을 구하자. $\ddot{a}_{x:\overline{20}|} = \frac{1-A_{x:\overline{20}|}}{d}$을 이용한다. 문제 5.2.11의 (2)에 의하여,

$$A_x = A^1_{x:\overline{20}|} + A_{x:\overline{20}|}^{\;\;\,1}\, A_{x+20}$$

이므로,

$$0.28 = A^{1}_{x:\overline{20|}} + (0.25)(0.40)$$

이고, 따라서 $A^{1}_{x:\overline{20|}} = 0.18$을 얻는다. 그러므로

$$A_{x:\overline{20|}} = A^{1}_{x:\overline{20|}} + A_{x:\overline{20|}}^{\ \ \ 1} = 0.18 + 0.25 = 0.43$$

이고, 따라서

$$\ddot{a}_{x:\overline{20|}} = \frac{1-0.43}{\frac{0.05}{1+0.05}} = 11.97$$

이다. 한편

$$1 + a_{x:\overline{20|}} = \sum_{n=0}^{20} v^n {}_np_x = \sum_{n=0}^{19} v^n {}_np_x + v^{20} {}_{20}p_x = \ddot{a}_{x:\overline{20|}} + A_{x:\overline{20|}}^{\ \ \ 1}$$

이므로

$$a_{x:\overline{20|}} = \ddot{a}_{x:\overline{20|}} + A_{x:\overline{20|}}^{\ \ \ 1} - 1 = 11.97 + 0.25 - 1 = 11.22$$

이다. □

참고 6.2.7. (기본이산 기초지불 n년 거치생명연금의 경우). 이 경우 연금의 PVRV Y와 계리적 현가 ${}_{n|}\ddot{a}_x$는 다음과 같이 주어진다.

$$Y = \text{연금의 현가확률변수} = \begin{cases} 0, & K = 0, 1, \cdots, n-1 \\ \ddot{a}_{\overline{K+1|}} - \ddot{a}_{\overline{n|}}, & K = n, n+1, \cdots \end{cases}$$

$$\begin{aligned} {}_{n|}\ddot{a}_x &\equiv APV(Y) = E[Y] \\ &= \sum_{k=n}^{\omega-x-1} v^k \cdot {}_kp_x \quad (\text{현가 지불기법}) \\ &= \sum_{k=n}^{\omega-x-1} (\ddot{a}_{\overline{k+1|}} - \ddot{a}_{\overline{n|}}) \cdot {}_kp_x \cdot q_{x+k} \quad (\text{총액 지불기법}) \end{aligned}$$

다음 관계식이 성립함을 쉽게 알 수 있다.

$$\ddot{a}_x = \ddot{a}_{x:\overline{n|}} + {}_{n|}\ddot{a}_x$$

[예제] 6.2.8. < SOA/CAS 2002-11-31 >. 45세 사람 (45)의 기본이산 기초지불 20년 거치생명연금에 대하여,

(i) $\omega = 105$인 de Moivre's law를 따른다.

(ii) $i = 0$

이라고 가정한다. 이때 (45)가 수령할 연금의 합계가 연금을 계약한 시점에서의 계리적 현가보다 클 확률을 구하여라.

(풀이). 이 사람이 수령할 연금의 계리적 현가(APV) ${}_{20|}\ddot{a}_{45}$는 다음과 같다.

$$\begin{aligned}
{}_{20|}\ddot{a}_{45} &= \sum_{k=n}^{\omega-x-1} v^k {}_kp_x \\
&= \sum_{k=20}^{59} v^k {}_kp_{45} \quad (\because \omega = 105, x = 45, n = 20) \\
&= \sum_{k=20}^{59} 1 \cdot {}_kp_{45} \quad (i = 0 \text{ 이므로 } v = (1+i)^{-1} = 1) \\
&= \sum_{k=0}^{39} {}_{k+20}p_{45} \\
&= \sum_{k=0}^{39} \frac{l_{45+k+20}}{l_{45}} \\
&= \sum_{k=0}^{39} \frac{\omega - (45 + k + 20)}{\omega - 45} \\
&= \sum_{k=0}^{39} \frac{105 - 65 - k}{105 - 45} = \sum_{k=0}^{39} \frac{40 - k}{60} \\
&= \frac{1}{60}[40 + 39 + \cdots + 1] = \frac{1}{60}\frac{40 \times 41}{2} \\
&= 13.667
\end{aligned}$$

그러므로 이 사람이 14회의 연금을 수령하면 연금의 합계가 연금의 계리적 현가보다 크게 된다. 따라서 거치기간 20년을 고려하여 33년 이상(기초지불이므로) 생존하면 된다. 그러므로 이 사람이 33년 이상 생존할 확률을 구하면 된다. 그러

므로

$$ {}_{33}p_{45} = \frac{105-(45+33)}{105-45} = \frac{27}{60} = 0.45 $$

이다. 즉, 원하는 확률은 0.45이다. □

참고 6.2.9. (기본이산 기초지불 n년 확정 후 종신연금의 경우). 이 경우 연금의 PVRV Y와 계리적 현가 $\ddot{a}_{\overline{x:\overline{n}|}}$는 다음과 같이 주어진다.

$$ \begin{aligned} Y = \text{연금의 현가확률변수} &= \begin{cases} \ddot{a}_{\overline{n}|}, & K = 0,1,2,\cdots,n-1 \\ \ddot{a}_{\overline{K+1}|}, & K = n, n+1, \cdots \end{cases} \\ &= \ddot{a}_{\overline{n}|} + \begin{cases} 0, & K = 0,1,2,\cdots,n-1 \\ \ddot{a}_{\overline{T}|} - \ddot{a}_{\overline{n}|}, & K = n, n+1, \cdots \end{cases} \\ &= \ddot{a}_{\overline{n}|} + Y_d \end{aligned} $$

여기서 Y_d는 기본이산 기초지불 n년 거치생명연금의 현가확률변수이다. 그러므로 다음 식을 얻는다.

$$ \begin{aligned} \ddot{a}_{\overline{x:\overline{n}|}} &= APV(Y) = E[Y] \\ &= \ddot{a}_{\overline{n}|} + E[Y_d] = \ddot{a}_{\overline{n}|} + {}_{n|}\ddot{a}_x \end{aligned} $$

제 6.3 절 연 m번 기초지불 생명연금

현실적으로 생명연금은 연 1회 지불하는 것보다 매월 혹은 매 분기마다 지불하는 경우가 더 많다. 일반적으로 1년을 m등분하여 각 소구간의 시점에서 $1/m$씩 1년 동안 1을 사망할 때까지 기초지불하는 생명연금의 현가확률변수를 $Y^{(m)}$이라 두고, 이것의 기댓값을 $\ddot{a}_x^{(m)}$으로 표기한다. 그리고 사망시점을 포함하는 소구간의 시점에서 지불하는 사망보험금 1에 대한 현가확률변수를 $Z^{(m)}$이라 두고,

이것의 기댓값을 $A_x^{(m)}$으로 표기한다. 명목 연 이자율 $i^{(m)}$을 연 m회 복리적용하는 경우, 연 실효 이자율 i는 다음과 같이 주어진다.

$$i = \left(1 + \frac{i^{(m)}}{m}\right)^m - 1 \quad \text{혹은} \quad \left(1 + \frac{i^{(m)}}{m}\right)^m = i + 1$$

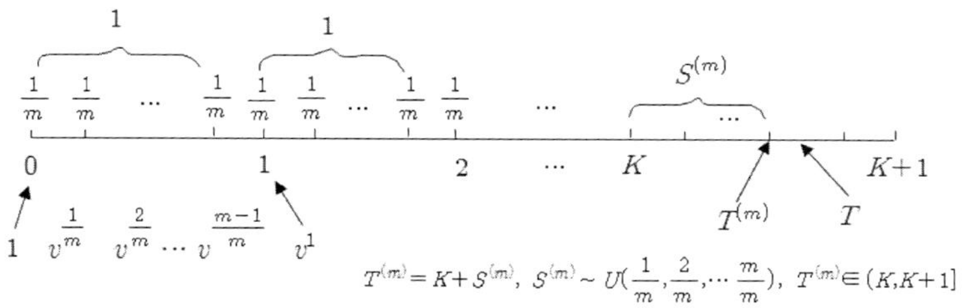

그림 6.3.1: 연 m번 기초지불 생명연금

명목 연 할인율을 $d^{(m)}$이라 하면,

$$\begin{aligned}\frac{d^{(m)}}{m} &= m\text{등분한 후 한 소구간 동안의 실효 할인율} \\ &= \frac{\text{상환금-원금}}{\text{상환금}} = \frac{\left(\frac{1}{m}\right)(1+i)^{1/m} - \left(\frac{1}{m}\right)\cdot 1}{\left(\frac{1}{m}\right)(1+i)^{1/m}} \\ &= 1 - \frac{1}{(1+i)^{1/m}} = 1 - v^{1/m}\end{aligned}$$

이고, 따라서 다음 식을 만족한다.

$$\left(1 - \frac{d^{(m)}}{m}\right)^m = v$$

이 절에서는 $A_x^{(m)}$과 $\ddot{a}_x^{(m)}$을 A_x, $\ddot{a}_x$, $i^{(m)}$, $d^{(m)}$, i, d 등으로 표현한 공식들을 유도하겠다.

정리 6.3.1. *매년 UDD 조건을 가정하면 다음 공식이 성립한다.*

(1) $A_x^{(m)} = \frac{i}{i^{(m)}} A_x$

(2) $\ddot{a}_x^{(m)} = \alpha(m)\ddot{a}_x - \beta(m) = \frac{id}{i^{(m)}d^{(m)}}\ddot{a}_x - \frac{i-i^{(m)}}{i^{(m)}d^{(m)}}$

(3) $\ddot{a}_x^{(m)} \cong \ddot{a}_x - \frac{m-1}{2m}$

증명. 통상적 문제풀이에서 근사공식 (3)을 많이 이용한다. 이 식의 증명은 생략한다.

(1) 년 m번 기초지불 생명연금모델에서

$$\begin{aligned} A_x^{(m)} &= E\left[v^{T^{(m)}}\right] = E\left[v^{K+S^{(m)}}\right] = E\left[v^{K+1}v^{S^{(m)}-1}\right] \\ &= E\left[v^{K+1}\right]E\left[v^{S^{(m)}-1}\right] \\ &= A_x \cdot E\left[v^{S^{(m)}-1}\right] \end{aligned}$$

이다. 여기서 $T^{(m)} = K + S^{(m)}$이고 $S^{(m)} \sim U(\frac{1}{m}, \frac{2}{m}, \cdots, \frac{m}{m})$이다. 즉, $S^{(m)}$은 점 $\frac{1}{m}, \frac{2}{m}, \cdots, \frac{m}{m}$에서 값 $\frac{1}{m}$을 가지는 균등분포를 가지는 이산확률변수이다. 그러므로

$$\begin{aligned} E\left[v^{S^{(m)}-1}\right] &= \sum_{k=1}^{m} v^{\frac{k}{m}-1} f_{S^{(m)}}\left(\frac{k}{m}\right) = \frac{1}{m}\sum_{k=1}^{m} v^{\frac{k}{m}-1} \\ &= \frac{1}{m}\sum_{k=1}^{m}(1+i)^{1-\frac{k}{m}} \\ &= \frac{1+i}{m}\sum_{k=1}^{m}\left[\frac{1}{(1+i)^{1/m}}\right]^k \\ &= \frac{1+i}{m}\frac{1}{(1+i)^{1/m}}\sum_{k=0}^{m-1}\left[\frac{1}{(1+i)^{1/m}}\right]^k \\ &= \frac{1+i}{m}\frac{1}{(1+i)^{1/m}}\frac{1-\left(\frac{1}{(1+i)^{1/m}}\right)^m}{1-\frac{1}{(1+i)^{1/m}}} \\ &= \frac{1+i}{m}\frac{1-\frac{1}{1+i}}{(1+i)^{1/m}-1} \\ &= \frac{1+i-1}{m[(1+i)^{1/m}-1]} \\ &= \frac{i}{i^{(m)}} \end{aligned}$$

이고, 따라서

$$A_x^{(m)} = \frac{i}{i^{(m)}} A_x$$

가 성립한다.

(2) 참고 6.2.3에 의하여 $d\ddot{a}_x + A_x = 1$이 성립한다. 같은 계산에 의하여 $d^{(m)}\ddot{a}_x^{(m)} + A_x^{(m)} = 1$이 성립한다. 그러므로

$$\begin{aligned} \ddot{a}^{(m)} &= \frac{1 - A_x^{(m)}}{d^{(m)}} = \frac{1 + \frac{i}{i^{(m)}} A_x}{d^{(m)}} \\ &= \frac{i^{(m)} - iA_x}{i^{(m)} d^{(m)}} \\ &= \frac{i^{(m)} - i(1 - d\ddot{a}_x)}{i^{(m)} d^{(m)}} \\ &= \frac{id}{i^{(m)} d^{(m)}} \ddot{a}_x - \frac{i - i^{(m)}}{i^{(m)} d^{(m)}} \\ &= \alpha(m)\ddot{a}_x - \beta(m) \end{aligned}$$

이다. □

[예제] 6.3.2. < SOA 2003-11-9 >. 반 년마다 기초지불 생명연금에 대하여,

(i) 매년 UDD 조건을 가정한다.

(ii) $q_{69} = 0.03$

(iii) $i = 0.06$

(iv) $1000\overline{A}_{70} = 530$

이때 $\ddot{a}_{69}^{(2)}$을 구하여라.

(풀이). 다음과 같은 순서로 $\ddot{a}_{69}^{(2)}$을 구한다.

$$\begin{aligned} \overline{A}_{70} \longrightarrow A_{70} &\quad \left(\text{(i) } \overline{A}_x = \frac{i}{\delta} A_x \right) \\ \longrightarrow A_{69} &\quad \left(\text{(ii) } A_{69} = vq_{69} + vp_{69} A_{70} \right) \\ \longrightarrow \ddot{a}_{69} &\quad \left(\text{(iii) } \ddot{a}_{69} = \frac{1 - A_{69}}{d} \right) \\ \longrightarrow \ddot{a}_{69}^{(2)} &\quad \left(\text{(iv) } \ddot{a}_{69}^{(2)} = \ddot{a}_{69} - \frac{2-1}{2 \times 2} \right) \end{aligned}$$

(i) 먼저 A_{70}을 구하면

$$A_{70} = \frac{\delta}{i}\overline{A}_{70} = \frac{\ln(1.06)}{0.06} \times 0.53 = 0.51471$$

(ii) 문제 5.2.11의 (1)에 의하여

$$\begin{aligned} A_{69} &= vq_{69} + vp_{69}A_{70} = v[q_{69} + p_{69}A_{70}] \\ &= \left(\frac{1}{1.06}\right)[0.03 + (0.97)(0.51471)] = 0.4993 \end{aligned}$$

(iii) 참고 6.2.3과 $d = \frac{i}{1+i}$에 의하여

$$\ddot{a}_{69} = \frac{1 - A_{69}}{d} = \frac{1 - 0.4993}{\frac{0.06}{1.06}} = 8.8457$$

(iv) 따라서 정리 6.3.1에 의하여

$$\ddot{a}_{69}^{(2)} = \ddot{a}_{69} - \frac{2-1}{2 \times 2} = 8.8457 - \frac{1}{4} = 8.5957$$

을 얻는다. □

참고 6.3.3. 1년을 m등분하여 각 소구간의 종점에서 $1/m$씩 지불, 즉 기말 지불하는 생명연금(life annuity immediate)의 현가확률변수의 기댓값을 $a_x^{(m)}$이라 하면 $a_x^{(m)} = \ddot{a}_x^{(m)} - 1/m$을 만족한다. 그리고 분명히 $a_x = \ddot{a}_x - 1$이다. 따라서 매년 UDD 조건을 가정하면 다음 공식이 성립한다.

$$\begin{aligned} a_x^{(m)} &= \ddot{a}_x^{(m)} - \frac{1}{m} = \alpha(m)\ddot{a}_x - \beta(m) - \frac{1}{m} \\ &= \alpha(m)(a_x + 1) - \beta(m) - \frac{1}{m} \\ &= \alpha(m)a_x + \left(\alpha(m) - \beta(m) - \frac{1}{m}\right) \\ &= \alpha(m)a_x + \frac{d^{(m)} - d}{i^{(m)}d^{(m)}} \end{aligned}$$

제 7 장

보험료

보험고객이 보험계약에 따라서 보험회사에 납부하는 비용을 **보험료**(premium)라 부른다. 보험계약자가 사망하는 즉시 사망보험금을 지불하는 생명보험을 **연속생명보험**, 사망한 연도의 말에 사망보험금을 지불하는 생명보험을 **이산생명보험**이라 불렀다. 사망보험금의 현가확률변수의 기댓값을 **순보험료**(pure or net premium) 또는 **급부보험료**(benefit premium)라 부른다. 보험료는 연속생명연금의 지불형태처럼 연속적으로 납부하는 경우와 기초 지불 이산생명연금의 지불형태처럼 매년 초에 납부하는 경우가 있다. 생명보험은 사망보험금의 지불방법과 보험료의 납부방법에 따라서 다음과 같이 분류된다.

(1) **완전연속생명보험**(fully continuous life insurance): 보험료는 연속적으로 P(원/년)를 납부하고, 보험금은 사망 즉시 지불한다.

(2) **완전이산생명보험**(fully discrete life insurance): 보험료는 매년 초에 P원씩 납부하고, 보험금은 사망한 연도의 말에 지불한다.

(3) **반연속생명보험**(semi-continuous life insurance): 보험료는 매년 초에 P원

씩 납부하고, 보험금은 사망 즉시 지불한다.

제 7.1 절 완전연속생명보험

이 절에서 먼저 **완전연속종신보험**(fully continuous whole life insurance)을 생각하자. 이것은 연속생명연금 지불 형태로 보험료를 납부하고 사망하는 순간에 사망보험금 1을 지불하는 종신보험이다. 1년간 연속적으로 납부하는 보험료의 총액을 P라 하자. x세 보험계약자가 보험계약 후 시점 t에서 사망할 때, 보험회사의 **손실함수**(loss function)는

$$\begin{aligned} l(t) &= (\text{사망보험금 1의 현가}) - (\text{시점 } t\text{까지 납부한 보험료의 현가}) \\ &= 1 \cdot v^t - P\overline{a}_{\overline{t|}} \end{aligned}$$

에 의해 정의한다.

정의 7.1.1. (1) $L = l(T) = v^T - P\overline{a}_{\overline{T|}}$를 **손실확률변수**(loss random variable)라 부르고, "$E[L] = 0$"을 **동치원리**(equivalence principle)라 부른다.

(2) 동치원리, 즉, $E[L] = 0$을 만족하는 P의 값을 $\overline{P}(\overline{A}_x)$로 표시하고 **연간 급부보험료**(annual benefit premium) 혹은 **순 연간 보험료**(net annual premium)라 부른다.

정리 7.1.2. *다음 공식이 성립한다.*

$$\overline{P}(\overline{A}_x) = \frac{\overline{A}_x}{\overline{a}_x}$$

증명. $E[v^T] = E[Z_{whole}] = \overline{A}_x$이고 $E[\overline{a}_{\overline{T|}}] = \overline{a}_x$이므로 분명하다. □

문제 7.1.3. 다음 조건을 가정한다.

(i) $l_x = 100 - x$ (드 모아브르 법칙)

(ii) $\delta = 0.05$

이때 $\overline{P}(\overline{A}_x)$를 구하여라. 단, $x = 30$이다.

문제 7.1.4. 상수 사력 $\mu_X(x) = \mu$를 가진다고 가정할 때, 완전연속종신보험의 연간 급부보험료 $\overline{P}(\overline{A}_x)$를 구하여라.

정리 7.1.5. *손실확률변수의 분산은 다음과 같이 주어진다.*

$$Var(L) = \left(1 + \frac{\overline{P}(\overline{A}_x)}{\delta}\right)^2 \{{}^2\overline{A}_x - (\overline{A}_x)^2\} = \frac{{}^2\overline{A}_x - (\overline{A}_x)^2}{(\delta\overline{a}_x)^2}$$

증명. 다음과 같이 계산한다.

$$\begin{aligned} Var(L) &= Var(v^T - \overline{P}(\overline{A}_x)\overline{a}_{\overline{T|}}) \\ &= Var\left(v^T - \overline{P}(\overline{A}_x)\frac{1 - v^T}{\delta}\right) \\ &= Var\left(v^T\left[1 + \frac{\overline{P}(\overline{A}_x)}{\delta}\right] - \frac{\overline{P}(\overline{A}_x)}{\delta}\right) \\ &= \left[1 + \frac{\overline{P}(\overline{A}_x)}{\delta}\right]^2 Var(v^T) \\ &= \left[1 + \frac{\overline{P}(\overline{A}_x)}{\delta}\right]^2 ({}^2\overline{A}_x - (\overline{A}_x)^2) \end{aligned}$$

둘째 등식은 정리 7.1.2와 공식 $\delta\overline{a}_x + \overline{A}_x = 1$로부터 분명하다. □

문제 7.1.6. 다음 조건을 가정한다.

(i) $\mu_X(t) = \mu = 0.04$ (상수 사력)

(ii) $\delta = 0.06$

이때 $Var(L)$을 구하여라.

완전연속종신보험은 보험료 납부 방법이 연속종신연금의 지불형태인 연속종신보험이다. 기타 다음과 같은 완전연속사망보험을 생각할 수 있다.

(1) **완전연속 h회 분납 종신보험**(fully continuous h-payment whole life insurance): 보험료 납부 방법이 연속 h년 일시연금의 지불형태인 연속종신보험이다. 물론 h년 이내에 사망시까지 보험료를 납부한다.

(2) **완전연속 n년 정기보험**(fully continuous n-year term life insurance): 보험료 납부 방법이 연속 n년 일시연금의 지불형태인 연속 n년 정기보험이다.

(3) **완전연속 n년 양로보험**(fully continuous n-year endowment life insurance): 보험료 납부 방법이 연속 n년 일시연금의 지불형태인 연속 n년 양로보험이다.

(4) **완전연속 h회 납부 n년 양로보험**(fully continuous h-payment n-year endowment life insurance): 보험료 납부 방법이 연속 h년 일시연금의 지불형태인 연속 n년 양로보험이다.

(5) **완전연속 n년 생존보험**(fully continuous n-year pure endowment life insurance): 보험료 납부 방법이 연속 n년 일시연금의 지불형태인 연속 n년 생존보험이다.

응용을 위하여 완전연속 n년 거치보험보다 완전연속 n년 거치연금을 생각하자.

(6) **완전연속 n년 거치연금**(fully continuous n-year deferred life annuity): 보험료 납부 방법이 연속 n년 일시연금의 지불형태인 연속 n년 거치연금이다.

정리 7.1.7. (완전연속 생명보험 또는 연금의 연간 급부보험료).

(1) 완전연속 h회 납부 종신보험: ${}_h\overline{P}(\overline{A}_x) = \overline{A}_x / \overline{a}_{x:\overline{h|}}$

(2) 완전연속 n년 정기보험: $\overline{P}(\overline{A}^{1}_{x:\overline{n|}}) = \overline{A}^{1}_{x:\overline{n|}} / \overline{a}_{x:\overline{n|}}$

(3) 완전연속 n년 양로보험: $\overline{P}(\overline{A}_{x:\overline{n|}}) = \overline{A}_{x:\overline{n|}} / \overline{a}_{x:\overline{n|}}$

(4) 완전연속 h회 납부 n년 양로보험: ${}_h\overline{P}(\overline{A}_{x:\overline{n|}}) = \overline{A}_{x:\overline{n|}} / \overline{a}_{x:\overline{h|}}$

(5) 완전연속 n년 생존보험: $\overline{P}(\overline{A}_{x:\overline{n|}}^{\;\;1}) = \overline{A}_{x:\overline{n|}}^{\;\;1} / \overline{a}_{x:\overline{n|}}$

(6) 완전연속 n년 거치연금: $\overline{P}({}_{n|}\overline{a}_x) = {}_{n|}\overline{a}_x / \overline{a}_{x:\overline{n|}}$

증명. 용어의 정의에 의하여 분명히 성립한다. □

제 7.2 절 완전이산생명보험

먼저 완전이산종신보험(fully discrete whole life insurance)을 생각하자. 이것은 보험료 납부 방법이 이산 기초지불 종신연금의 지불형태인 기본이산종신보험이다. 사망할 때까지 매년 초에 납부하는 보험료를 P라 하자. x세 보험계약자가 보험계약 후 $k+1$차년도에 사망할 때, 보험회사의 손실함수는

$$l(k) = 1 \cdot v^{k+1} - P\ddot{a}_{\overline{k+1|}}$$

에 의해 주어진다. 따라서 이산손실확률변수는 다음과 같다.

$$L = l(K) = v^{K+1} - P\ddot{a}_{\overline{K+1|}}$$

동치원리, 즉, $E[L] = 0$을 만족하는 P의 값 $A_x/\ddot{a}_x$를 P_x로 표시하는데, 이것이 완전이산기본종신보험금을 위한 연간 급부보험료이다.

정리 7.2.1. *이산손실확률변수의 분산은 다음과 같이 주어진다.*

$$Var(L) = \frac{{}^2\overline{A}_x - (\overline{A}_x)^2}{(d\ddot{a}_x)^2}$$

단, 연 실효이자율 i와 할인인자 v에 대하여, $d = 1 - v = iv$는 연 실효 할인률이다.

증명. 정리 7.1.5와 같은 방법으로 증명하면 된다. □

정리 7.2.2. (완전이산 생명보험 또는 연금의 연간 급부보험료).

(1) *완전이산종신보험:* $P_x = A_x/\ddot{a}_x$

(2) *완전이산 h회 납부 종신보험:* ${}_hP_x = A_x/\ddot{a}_{x:\overline{h}|}$

(3) *완전이산 n년 정기보험:* $P^1_{x:\overline{n}|} = A^1_{x:\overline{n}|}/\ddot{a}_{x:\overline{n}|}$

(4) *완전이산 n년 양로보험:* $P_{x:\overline{n}|} = A_{x:\overline{n}|}/\ddot{a}_{x:\overline{n}|}$

(5) *완전이산 h회 납부 n년 양로보험:* ${}_hP_{x:\overline{n}|} = A_{x:\overline{n}|}/\ddot{a}_{x:\overline{h}|}$

(6) *완전이산 n년 생존보험:* $P_{x:\overset{1}{\overline{n}|}} = A_{x:\overset{1}{\overline{n}|}}/\ddot{a}_{x:\overline{n}|}$

(7) *완전이산 n년 거치연금:* $P({}_{n|}\ddot{a}_x) = {}_{n|}\ddot{a}_x/\ddot{a}_{x:\overline{n}|}$

증명. 용어의 정의에 의하여 분명히 성립한다. □

제 7.3 절 반연속생명보험

먼저 반연속종신보험(semi-continuous whole life insurance)을 생각하자. 이것은 보험료 납부 방법이 이산 기초지불 종신연금의 지불형태인 기본연속종신보험이다. 사망할 때까지 매년 초에 납부하는 보험료를 P라 하자. x세 보험계약자가

보험계약 후 시점 t에서 사망할 때, 만약 $[t] = k$이면, 보험회사의 손실함수는

$$l(t) = 1 \cdot v^t - P\ddot{a}_{\overline{k+1}|}$$

에 의해 주어진다. 따라서 이산손실확률변수는 다음과 같다.

$$L = l(T) = v^T - P\ddot{a}_{\overline{K+1}|}$$

동치원리, 즉, $E[L] = 0$을 만족하는 P의 값을 $P(\overline{A}_x)$로 표시하는데, 이것이 반연속 기본종신보험금을 위한 연간 급부보험료이다.

정리 7.3.1. (반연속 생명보험의 연간 급부보험료).

(1) *반연속종신보험:* $P(\overline{A}_x) = \overline{A}_x / \ddot{a}_x$

(2) *반연속 h회 납부 종신보험:* ${}_hP(\overline{A}_x) = \overline{A}_x / \ddot{a}_{x:\overline{h}|}$

(3) *반연속 n년 정기보험:* $P(\overline{A}^{1}_{x:\overline{n}|}) = \overline{A}^{1}_{x:\overline{n}|} / \ddot{a}_{x:\overline{n}|}$

(4) *반연속 n년 양로보험:* $P(\overline{A}_{x:\overline{n}|}) = \overline{A}_{x:\overline{n}|} / \ddot{a}_{x:\overline{n}|}$

(5) *반연속 h회 납부 n년 양로보험:* ${}_hP(\overline{A}_{x:\overline{n}|}) = \overline{A}_{x:\overline{n}|} / \ddot{a}_{x:\overline{h}|}$

증명. 용어의 정의에 의하여 분명히 성립한다. □

참고 7.3.2. 매년 UDD 조건을 가정하자.

(1) $\overline{A}_x = (i/\delta)A_x$이고 $\overline{A}^{1}_{x:\overline{n}|} = (i/\delta)A^{1}_{x:\overline{n}|}$이므로,

$$P(\overline{A}_x) = \frac{\overline{A}_x}{\ddot{a}_x} = \frac{i}{\delta}P_x, \quad P(\overline{A}^{1}_{x:\overline{n}|}) = \frac{\overline{A}^{1}_{x:\overline{n}|}}{\ddot{a}_{x:\overline{n}|}} = \frac{i}{\delta}P^{1}_{x:\overline{n}|}$$

이다.

(2) $\overline{A}_{x:\overline{n|}} = \overline{A}^1_{x:\overline{n|}} + A_{x:\overline{n|}}^{\ \ \ 1} = (i/\delta)A^1_{x:\overline{n|}} + A_{x:\overline{n|}}^{\ \ \ 1}$이므로,

$$P(\overline{A}_{x:\overline{n|}}) = \frac{\overline{A}_{x:\overline{n|}}}{\ddot{a}_{x:\overline{n|}}} = \frac{i}{\delta}P^1_{x:\overline{n|}} + P_{x:\overline{n|}}^{\ \ \ 1}$$

가 성립한다.

문제 7.3.3. 다음과 같이 가정하자.

(i) $v = 0.95$

(ii) 임의의 $k = 0, 1, \cdots, 39$에 대하여, ${}_{k|}q_{30} = 0.025$이다.

이때 P_{30}을 구하여라.

제 8 장

문제 풀이

<<제 1장의 문제와 풀이>>

문제 1.2.4. 20년 후에 퇴직하는 어떤 사람이 퇴직 후 30년간 매월 초에 1백만 원의 연금을 받기 위하여 퇴직시까지 매월 연금보험료 A를 납입하기로 계약하였다. 명목 연 이자율 6%를 매월 복리적용할 때, A는 얼마인가?

(풀이). 명목 연 이자율이 6%이므로, 명목 월 이자율은 $i_M^{(1)} = 0.06/12 = 0.005$이다. 명목 월 이자율을 매월 복리적용하므로, $i_M^{(1)} = i_M$이다. 매월 연금보험료 A씩 20년간의 현가는, $v_M = 1/(1+i_M)$이라 할 때,

$$A + Av_M + \cdots + Av_M^{239} = A\frac{1-v_M^{240}}{1-v_M}$$

이다. 한편 20년 후 매월 수령하는 연금 $W = 1,000,000$원씩 30년간의 현가는

$$Wv_M^{240} + Wv_M^{241} + \cdots + Wv_M^{599} = Wv_M^{240}\frac{1-v_M^{360}}{1-v_M}$$

이다. 따라서

$$A\frac{1-v_M^{240}}{1-v_M} = Wv_M^{240}\frac{1-v_M^{360}}{1-v_M}$$

를 만족하는 A를 구하면 된다. 실제로

$$A = Wv_M^{240}\frac{1-v_M^{360}}{1-v_M^{240}}$$

이고, $W = 1,000,000$과 $v_M = 1/(1+0.005)$을 대입하면 $A = 360,990$원이 된다.

문제 1.5.7. 실효 연 이자율 9%로 10년 동안 상환하기로 하고 연초에 100,000원을 대출하기로 하였다. 다음 세 가지의 각 상환방법에 따라 지불해야하는 총이자를 구하여라.

(1) 10년 후 원리금을 일시에 상환하는 경우

(2) 이자는 매년 말에 지불하고 원금은 10년 후 상환하는 경우

(3) 10년 동안 매년 말에 원리금을 균등분할상환하는 경우

(풀이). (1) 10년 후 상환해야 할 원리금은 $100,000(1+0.09)^{10} = 236,739$원이므로 총이자는 $236,739 - 100,000 = 136,739$원이다.

(2) 매년 지불해야 할 이자는 $100,000 \times 0.09 = 9,000$원이므로 10년간 지불해야 할 이자총액은 $9,000 \times 10 = 90,000$원이다. 물론, 매년 $9,000$원씩 10년간 지불할 이자의 종가는 $9,000s_{\overline{10}|0.09} = 136,739$원이다.

(참고그림)

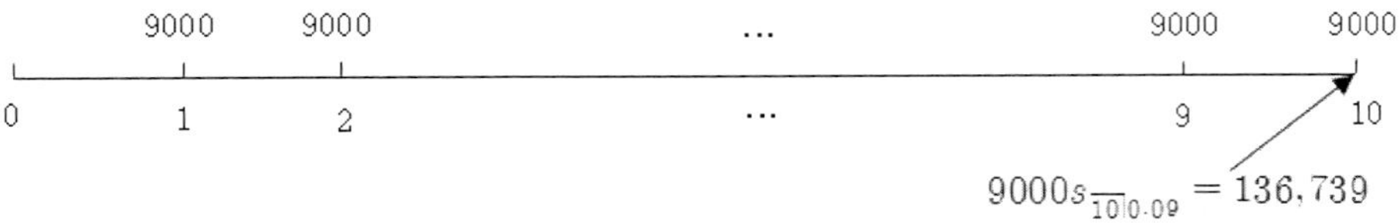

(3) 연간 균등 상환 금액을 R이라 하면 $R = \dfrac{100,000}{a_{\overline{10}|0.09}} = \dfrac{100,000}{6.4177} = 15,582$원이다. 그러므로 10년간 지불해야 하는 이자의 총액은 $15,582 \times 10$(원리금) $-$ $100,000$(원금) $= 55,820$원이다.

(참고그림)

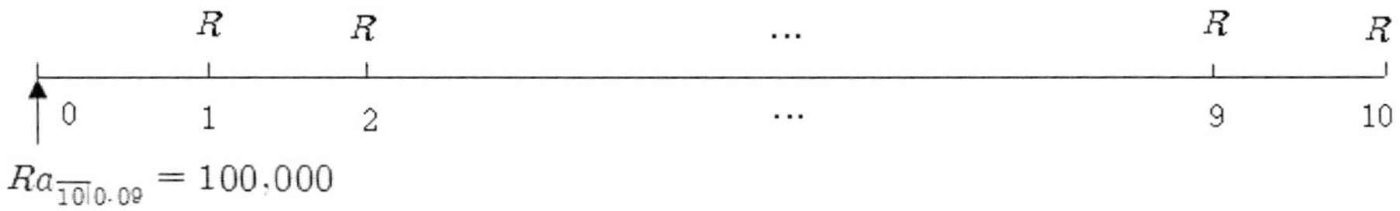

문제 1.5.13. 3차년도 말부터 9차년도 말까지 매년 금액 A씩 수령하였다. 다음 각 시점에서의 총연금의 흐름의 현가를 구하여라.

(1) 1차년도 초에서의 현가

(2) 12차년도 말에서의 현가

(3) 6차년도 말에서의 현가

(풀이). (1) $v^2 A a_{\overline{7}|}$ 또는 $A(a_{\overline{9}|} - a_{\overline{2}|})$

(2) $(1+i)^3 A s_{\overline{7}|}$ 또는 $A(s_{\overline{10}|} - s_{\overline{3}|})$ 또는 $A(\ddot{s}_{\overline{9}|} - \ddot{s}_{\overline{2}|})$

(3) $(1+i)^4 A a_{\overline{7}|}$ 또는 $v^3 A s_{\overline{7}|}$

(참고그림)

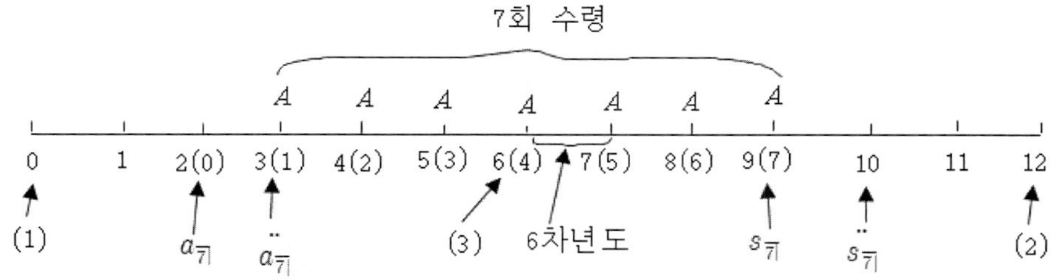
7회 수령
A
A
A
A
A
A
A
0
1
2(0)
3(1)
4(2)
5(3)
6(4)
7(5)
8(6)
9(7)
10
11
12
(1)
$a_{\overline{7}|}$
$\ddot{a}_{\overline{7}|}$
(3)
6차년도
$s_{\overline{7}|}$
$\ddot{s}_{\overline{7}|}$
(2)

<<제 2장의 문제와 풀이>>

문제 2.6.2. 정상적인 주사위를 420회 굴린다. 이때 나타나는 주사위의 눈의 합이 1400과 1540의 사이의 값이 될 확률은 얼마인가?

(풀이). 주사위의 눈의 합은 다음과 같은 확률변수

$$Y_{420} = X_1 + X_2 + \cdots + X_{420}$$

에 의해 주어진다. 여기서 X_j는 공통의 확률질량함수 $p_{X_j}(k) = 1/6,\ k = 1, 2, \cdots, 6$을 가진다. 따라서 임의의 $j = 1, 2, \cdots, 420$에 대하여,

$$\begin{aligned} E[X_j] &= 1 \times \frac{1}{6} + 2 \times \frac{1}{6} + \cdots + 6 \times \frac{1}{6} \\ &= \frac{7}{2}(= \mu) \end{aligned}$$

이고

$$\begin{aligned} Var(X_j) &= E[X_j^2] - E[X_j]^2 \\ &= 1^2 \times \frac{1}{6} + 2^2 \times \frac{1}{6} + \cdots + 6^2 \times \frac{1}{6} - \left(\frac{7}{2}\right)^2 \\ &= \frac{35}{12}(= \sigma^2) \end{aligned}$$

이다. 그러므로

$$E[Y_{420}] = 420 \cdot \frac{7}{2} = 1470(= n\mu)$$

이고

$$Var(Y_{420}) = 420 \cdot \frac{35}{12} = 1225 = 35^2(= n\sigma^2)$$

이다. 정리 2.6.1의 (2)에 의하여, 근사적으로, $Y_{420} \sim N(1470, 35^2)$이다. 따라서

$$\begin{aligned}
&P(1400 \le Y_{420} \le 1540) \\
&= P\left(\frac{1400-1470}{35} \le \frac{Y_{420}-1470}{35} \le \frac{1540-1470}{35}\right) \\
&= P\left(-2 \le \frac{Y_{420}-1470}{35} \le 2\right) \\
&= \Phi(2) - \Phi(-2) \\
&= 2\Phi(2) - 1 \\
&= 2 \cdot 0.9772 - 1 \\
&= 0.9544
\end{aligned}$$

문제 2.6.3. $X \sim B(1, 0.5)$이고 $X, X_1, X_2, \cdots, X_{25}$가 iid 확률변수열이라 가정하자. 그리고 Y_{25}를

$$Y_{25} = X_1 + X_2 + \cdots + X_{25}$$

와 같이 정의할 때, $P(Y_{25} \le 12)$를 계산하여라.

(풀이). $E[X] = 1 \times 0.5 = 0.5$이고 $Var(X) = 1 \times 0.5 \times 0.5 = (0.5)^2$이므로, $E[Y_{25}] = 25 \times 0.5 = 12.5$이고 $Var(Y_{25}) = 25 \times (0.5)^2 = 5^2 \times (0.5)^2 = (2.5)^2$이다. 그러므로

$$\begin{aligned}
P(Y_{25} \le 12) &= P\left(\frac{Y_{25}-12.5}{2.5} \le \frac{12-12.5}{2.5}\right) \\
&= P\left(\frac{Y_{25}-12.5}{2.5} \le -0.2\right) \\
&\approx \Phi(-0.2) \\
&= 1 - \Phi(0.2) = 1 - 0.5793 = 0.4207
\end{aligned}$$

<<제 4장의 문제와 풀이>>

문제 4.1.12. 다음과 같이 사력함수가 주어져 있다.

$$\mu_X(x) = \frac{1}{1+x}, \quad x \geq 0$$

이때 ${}_{10}q_0$을 계산하여라. (${}_{10}q_0$은 갓난아기가 10년 이내에 사망할 확률이다.)

(풀이). $T(0)$은 갓난아기의 수명 X이므로

$${}_{10}q_0 = P(T(0) \leq 10) = P(X \leq 10) = \int_0^{10} f_X(x)dx$$

여기서 정의 4.1.3에 의하여 $f_X(x) = s_X(x)\mu_X(x)$이므로

$$\begin{aligned} s_X(x) &= \exp\left(-\int_0^x \mu_X(t)dt\right) = \exp\left(-\int_0^x \frac{1}{1+t}dt\right) \\ &= \exp\left(-\ln(1+x)\right) = \frac{1}{1+x} \end{aligned}$$

이다. 그러므로

$$f_X(x) = \frac{1}{1+x} \cdot \frac{1}{1+x} = \frac{1}{(1+x)^2}$$

따라서,

$${}_{10}q_0 = \int_0^{10} \frac{1}{(1+x)^2}dx = \left[-\frac{1}{1+x}\right]_0^{10} = -\frac{1}{11} - (-1) = \frac{10}{11}$$

문제 4.1.20. X를 수명을 나타내는 확률변수라 하고 x세 사람의 사력 $\mu_X(x)$가 아래와 같이 주어졌다. X의 75퍼센트점을 구하여라.

$$\mu_X(x) = \frac{2x}{1+x^2}, \quad 0 \leq x < \infty$$

(풀이). $0.75 = P(X \le p)$, 즉, $0.25 = P(X \ge p) = s_X(p)$를 만족하는 점 p를 구하면 된다. 그래서 $s_X(x)$를 구하자.

$$\begin{aligned} s_X(x) &= \exp\left(-\int_0^x \mu_X(s)ds\right) = \exp\left(-\int_0^x \frac{2s}{1+s^2}ds\right) \\ &= \exp\left([-\ln(1+s^2)]_0^x\right) = \frac{1}{1+x^2} \end{aligned}$$

그러므로 $1/4 = 0.25 = s_X(p) = 1/(1+p^2)$이고, 따라서 $p = \sqrt{3}$이다.

문제 4.1.21. x세 사람의 사력 $\mu_X(x)$를 다음과 같이 정의하자.

$$\mu_X(x) = \frac{2}{100-x}, \quad 0 \le x < 100$$

다음 물음에 답하여라.

(1) $s_X(x)$, l_x, $F_X(x)$, $f_X(x)$를 구하여라.

(2) $f_{T(40)}(t)$와 $F_{T(40)}(t)$를 구하여라.

(풀이). (1) 풀이는 다음과 같다.

$$\begin{aligned} s_X(x) &= \exp\left\{-\int_0^x \mu_X(s)ds\right\} = \exp\left\{\int_0^x \frac{-2}{100-s}ds\right\} \\ &= \exp\{[2\ln(100-s)]_0^x\} = \left(\frac{100-x}{100}\right)^2, \\ l_x &= s_X(x)l_0 = \left(\frac{100-x}{100}\right)^2 l_0, \\ F_X(x) &= 1 - s_X(x) = 1 - \left(\frac{100-x}{100}\right)^2 = \frac{200x-x^2}{10000}, \\ f_X(x) &= F_X'(x) = \left(\frac{200x-x^2}{10000}\right)' = \frac{200-2x}{10000} \end{aligned}$$

(2) $0 \le X \le 100$이고 $T(40) = X - 40$이므로, $0 \le T(40) \le 60$이다. 그러므로 구하고자 하는 함수들의 정의역은 $[0, 60]$이다. (1)에 의하여,

$$\begin{aligned}
f_{T(40)}(t) &= {}_tp_{40} \cdot \mu_X(40+t) = \frac{l_{40+t}}{l_{40}} \cdot \mu_X(40+t) \\
&= \frac{[(100-40-t)/100]^2 l_0}{[(100-40)/100]^2 l_0} \cdot \frac{2}{100-40-t} \\
&= \left(\frac{60-t}{60}\right)^2 \left(\frac{2}{60-t}\right) = \frac{2(60-t)}{60^2}, \\
F_{T(40)}(t) &= P(T(40) \le t) = {}_tq_{40} = 1 - {}_tp_{40} = 1 - \frac{l_{40+t}}{l_{40}} \\
&= 1 - \left(\frac{60-t}{60}\right)^2 = \frac{120t - t^2}{3600}
\end{aligned}$$

$F_{T(40)}(t)$를 다른 방법으로도 계산할 수 있다.

$$\begin{aligned}
F_{T(40)}(t) &= \int_0^t f_{T(40)}(s)ds = \int_0^t \frac{2(60-s)}{60^2} ds = \frac{2}{60^2} \int_0^t (60-s)ds \\
&= 1 - \left(\frac{60-t}{60}\right)^2
\end{aligned}$$

문제 4.1.22. x세 사람의 사력 $\mu_X(x)$를 다음과 같이 정의하자.

$$\mu_X(x) = \frac{2}{80-x}, \quad 0 \le x < 80$$

20세인 사람의 여명의 생존함수를 구하여라.

(풀이). 문제는 $s_{T(20)}(t)$를 구하는 것이다. 참고 4.1.9의 (1)에 의하여,

$$s_{T(20)}(t) = 1 - F_{T(20)}(t) = P(T(20) > t) = {}_tp_{20} = s_X(20+t)/s_X(20)$$

이다. 문제 4.1.21의 풀이와 같은 방법으로 하면, $s_X(x) = [(80-x)/80]^2$이므로,

$$s_{T(20)}(t) = \frac{s_X(20+t)}{s_X(20)} = \frac{([80-(20+t)]/80)^2}{([80-20]/80)^2} = \left(\frac{60-t}{60}\right)^2$$

을 얻는다.

문제 4.2.3. 매년 UDD 조건하에 다음 물음에 답하여라.

(1) $l_{x+t} = l_x(1 - tq_x)$임을 증명하여라.

(2) (1)을 이용하여 (i) ${}_tp_x$ (ii) $\mu_X(x+t)$ (iii) $f_T(t)$, $t \in [0,1]$을 t와 q_x를 사용하여 표현하여라.

(3) (2)의 (iii)을 이용하여 $\forall t \in [k, k+1)$, $f_T(t) = {}_{k|}q_x$ 임을 증명하여라.

(풀이). (1) 참고 4.1.15의 (2)에 의하여

$$
\begin{aligned}
l_{x+t} &= (1-t)l_x + t \cdot l_{x+1} = l_x - t(l_x - l_{x+1}) \\
&= l_x - l_x \cdot t \cdot \frac{l_x - l_{x+1}}{l_x} = l_x - l_x \cdot t \cdot q_x = l_x(1 - t \cdot q_x)
\end{aligned}
$$

(2) (i) 위의 식에 의하여

$$
{}_tp_x = \frac{l_{x+t}}{l_x} = \frac{l_x(1 - t \cdot q_x)}{l_x} = 1 - t \cdot q_x
$$

(ii) 위의 식에 의하여

$$
\begin{aligned}
\mu_X(x+t) &= \frac{-\frac{d}{dt}(l_{x+t})}{l_{x+t}} = \frac{-\frac{d}{dt}[l_x(1 - t \cdot q_x)]}{l_x(1 - t \cdot q_x)} \\
&= \frac{l_x \cdot q_x}{l_x(1 - t \cdot q_x)} = \frac{q_x}{1 - t \cdot q_x}
\end{aligned}
$$

(iii) 위의 식에 의하여

$$
f_T(t) = {}_tp_x \, \mu_X(x+t) = (1 - t \cdot q_x)\frac{q_x}{1 - t \cdot q_x} = q_x
$$

(3) $\forall t \in [k, k+1)$에 대하여,

$$
f_T(t) = {}_tp_x \, \mu_X(x+t) = {}_{k+s}p_x \, \mu_X(x+k+s)
$$

$$
= {}_kp_x \, {}_sp_{x+k} \, \mu_X(x+k+s) = {}_kp_x \, q_{x+k} = {}_{k|}q_x
$$

문제 4.2.14. 다음과 같이 생명표의 일부가 주어져 있다.

x	90	91	92	93
l_x	100	87	52	0
d_x	13	35	52	-

90세 사람의 간이여명과 UDD 가정하에서의 완전여명의 기댓값을 각각 구하여라.

(풀이). 표에 의하여 계산하면

$$e_{90} = \frac{l_{91} + l_{92}}{l_{90}} = \frac{87 + 52}{100} = 1.39\text{년}$$
$$\mathring{e}_{90} = e_{90} + \frac{1}{2} = 1.39 + 0.5 = 1.89\text{년}$$

문제 4.2.19. x세 사람의 사력 $\mu_X(x)$를 다음과 같이 정의하자.

$$\mu_X(x) = \frac{2}{80 - x}, \quad 0 \le x < 80$$

이때 $\mathring{e}_{50:\overline{25|}}$를 계산하여라.

(풀이). 참고 4.1.15의 (1)에 의하여

$$\mathring{e}_{50:\overline{25|}} = \int_0^{25} {}_tp_{50}dt = \int_0^{25} \frac{l_{50+t}}{l_{50}}dt = \int_0^{25} \frac{s_X(50+t)}{s_X(50)}dt$$

이고, $s_X(x) = \exp\left(-\int_0^x \mu_X(t)dt\right) = \left(\frac{80-x}{80}\right)^2$이다. 따라서

$$\begin{aligned}\mathring{e}_{50:\overline{25|}} &= \int_0^{25} \frac{(80-50-t)^2/80^2}{(80-50)^2/80^2}dt \\ &= \int_0^{25} \left(\frac{30-t}{30}\right)^2 dt = \frac{1}{900}\left[-\frac{(30-t)^3}{3}\right]_0^{25} = 9.96\end{aligned}$$

문제 4.2.20. 다음과 같은 가정이 주어져 있다.

(i) $q_{70} = 0.040$

(ii) $q_{71} = 0.044$

(iii) 매년 UDD 조건을 만족한다.

이때 $\mathring{e}_{70:\overline{1.5}|}$를 계산하여라.

(풀이). 정의 4.2.15에 의하여

$$\begin{aligned}
\mathring{e}_{70:\overline{1.5}|} &= \int_0^{1.5} {}_tp_{70}dt = \int_0^1 {}_tp_{70}dt + \int_1^{1.5} {}_tp_{70}dt \\
&= \int_0^1 {}_tp_{70}dt + \int_0^{0.5} {}_{t+1}p_{70}dt = \int_0^1 {}_tp_{70}dt + p_{70}\int_0^{0.5} {}_tp_{71}dt \\
&= \int_0^1 (1 - {}_tq_{70})dt + (1-q_{70})\int_0^{0.5} (1 - {}_tq_{71})dt \\
&= \int_0^1 (1 - t\cdot q_{70})dt + (1-q_{70})\int_0^{0.5} (1 - t\cdot q_{71})dt \\
&= \int_0^1 (1 - 0.04t)dt + (0.96)\int_0^{0.5} (1 - 0.044t)dt \\
&= 0.98 + 0.4945 = 1.455
\end{aligned}$$

를 얻는다.

문제 4.2.23. Balducci 가정하에서, $\mathring{e}_{x:\overline{1}|}$을 q_x에 의하여 표현하여라.

(풀이). 참고 4.2.22에 의하여, 다음과 같이 계산된다.

$$\begin{aligned}
\mathring{e}_{x:\overline{1}|} &= \int_0^1 {}_tp_x dt = \int_0^1 \frac{p_x}{p_x + tq_x}dt = \frac{p_x}{q_x}\int_0^1 \frac{q_x}{p_x + tq_x}dt \\
&= \frac{p_x}{q_x}\left[\ln(p_x + t\cdot q_x)\right]_0^1 = \frac{p_x}{q_x}\{\ln(p_x+q_x) - \ln p_x\} = \frac{p_x}{q_x}\ln\frac{1}{p_x} \\
&= \frac{p_x}{q_x}\ln\frac{1}{1-q_x} = \frac{1-q_x}{q_x}\ln(1-q_x)^{-1} = \frac{-(1-q_x)}{q_x}\cdot\ln(1-q_x)
\end{aligned}$$

문제 4.2.24. 부록에 있는 [**2005년도 대한민국 국민생명표**]를 이용하여 54세 남자에 대한 다음 확률을 구하여라.

(1) 70세까지 생존할 확률, 즉, 16년 더 생존할 확률

(2) 65세 이전에 사망할 확률, 즉, 11년 이내에 사망할 확률

(3) 65세와 70세 사이에 사망할 확률, 즉, 11년까지 생존한 후부터 5년 이내에 사망할 확률

(풀이). 다음과 같이 풀이한다.

(1) ${}_{16}p_{54} = \frac{l_{54+16}}{l_{54}} = \frac{l_{70}}{l_{54}} = \frac{72,213}{91,585} = 0.788$

(2) ${}_{11}q_{54} = 1 - \frac{l_{54+11}}{l_{54}} = 1 - \frac{l_{65}}{l_{54}} = 1 - \frac{80,981}{91,585} = 1 - 0.88 = 0.12$

(3) ${}_{11|5}q_{54} = \frac{l_{54+11} - l_{54+11+5}}{l_{54}} = \frac{l_{65} - l_{70}}{l_{54}} = \frac{80,981 - 72,213}{91,585} = 0.09$

문제 4.2.26. 28세 K씨는 오늘 24세 신부와 결혼을 하였다. 부록에 있는 [**2005년도 대한민국 국민생명표**]를 이용하여 다음 물음에 답하여라.

(1) 부부 두 명이 80세까지 생존할 확률을 구하여라.

(2) 부부 두 명이 70세에서 80세 사이에서 사망할 확률을 구하여라.

(풀이). (1) 부부 두 명이 80세까지 생존할 확률은

$${}_{52}p_{28} \times {}_{56}p_{24} = \frac{l_{80}}{l_{28}} \times \frac{l_{80}}{l_{24}} = \frac{43,437}{98,457} \times \frac{67,064}{99,026} = 0.298$$

(2) 부부 두 명이 70세에서 80세 사이에서 사망할 확률은

$$
\begin{aligned}
{}_{42|10}q_{28} \times {}_{46|10}q_{24} &= \frac{l_{70} - l_{80}}{l_{28}} \times \frac{l_{70} - l_{80}}{l_{24}} \\
&= \frac{72,213 - 43,437}{98,457} \times \frac{87,746 - 67,064}{99,026} = 0.060
\end{aligned}
$$

문제 4.2.27. 다음과 같은 생명표의 일부를 이용하여 $Var(K(96))$을 구하여라.

x	96	97	98	99	100
l_x	180	130	73	31	0

(풀이). 참고 4.2.13의 (1)에 의하여,

$$E[K(96)] = \frac{l_{97} + l_{98} + l_{99} + l_{100}}{l_{96}} = \frac{130 + 73 + 31 + 0}{180} = 1.3$$

이다. $E[K(96)^2]$을 구하면

$$
\begin{aligned}
E[K(x)^2] &= \sum_{k=0}^{\omega-x-1} k^2 \cdot f_{K(x)}(k) = \sum_{k=0}^{\omega-x-1} k^2 \cdot {}_{k|}q_x \\
&= \sum_{k=0}^{\omega-x-1} k^2 \cdot \frac{s_X(x+k) - s_X(x+k+1)}{s_X(x)} \\
&= \frac{s_X(x+1) + 3s_X(x+2) + 5s_X(x+3) + 7s_X(x+4) + \cdots}{s_X(x)} \\
&= \frac{l_{x+1} + 3l_{x+2} + 5l_{x+3} + 7l_{x+4} + \cdots}{l_x}
\end{aligned}
$$

이므로,

$$E[K(96)^2] = \frac{l_{97} + 3l_{98} + 5l_{99} + 7l_{100}}{l_{96}} = \frac{130 + (3)(73) + (5)(31)}{180} = 2.8$$

이다. 그러므로

$$Var(K(96)) = E[K(96)^2] - E[K(96)]^2 = 2.8 - (1.3)^2 = 1.11$$

문제 4.2.28. 매년 UDD 조건을 가정한다. 문제 4.2.27에 있는 생명표의 일부를 이용하여 $\mathring{e}_{96:\overline{1}|}$을 구하여라.

(풀이). 계산하면

$$q_{96} = \frac{l_{96} - l_{97}}{l_{96}} = \frac{180 - 130}{180} = \frac{5}{18} = 0.27$$

이므로

$$\begin{aligned}\mathring{e}_{96:\overline{1}|} &= \int_0^1 {}_tp_{96}dt = \int_0^1 (1 - {}_tq_{96})dt = \int_0^1 (1 - t \cdot q_{96})dt \\ &= 1 - \frac{1}{2} \cdot q_{96} = 1 - \frac{1}{2} \times 0.27 = 1 - 0.135 = 0.865\end{aligned}$$

문제 4.2.29. 다음 물음에 답하여라.

(1) $l_x = 10(100 - x)^2$일 때, $Var(T(x))$를 구하여라.

(2) $\mu_X(x) = x/100$일 때, ${}_{20|10}q_5$를 계산하여라.

(3) x세 사람의 여명 $T(x)$의 확률밀도함수가 $f_{T(x)}(t) = 2e^{-2t}, \quad t \geq 0$에 의해 주어질 때, $\mathring{e}_x$와 $Var(T(x))$를 구하여라.

(풀이). (1) 기댓값은

$$\begin{aligned}E[T] &= \int_0^{100-x} {}_tp_x dt = \int_0^{100-x} \frac{l_{x+t}}{l_x}dt \\ &= \int_0^{100-x} \frac{10(100-x-t)^2}{10(100-x)^2}dt \\ &= \int_0^{100-x} \left(\frac{100-x-t}{100-x}\right)^2 dt \\ &= \frac{1}{(100-x)^2}\int_0^{100-x} (100-x-t)^2 dt \\ &= \frac{1}{3}(100-x)\end{aligned}$$

이고

$$\begin{aligned} E[T^2] &= \int_0^{100-x} t^2 \cdot f_T(t)dt \\ &= \int_0^{100-x} t^2 \cdot {}_tp_x \cdot \mu_X(x+t)dt \\ &= \int_0^{100-x} 2t \cdot {}_tp_x dt \\ &= \int_0^{100-x} \frac{2t(100-x-t)^2}{(100-x)^2} dt \\ &= \frac{(100-x)^2}{6} \end{aligned}$$

이므로

$$Var(T) = E[T^2] - E[T]^2 = \frac{(100-x)^2}{6} - \left(\frac{100-x}{3}\right)^2 = \frac{(100-x)^2}{18}$$

(2) 참고 4.1.15의 (3)에 의하여

$$_{20|10}q_5 = \frac{s_X(25) - s_X(35)}{s_X(5)}$$

이다.

$$s_X(x) = \exp\left(-\int_0^x \mu_X(s)ds\right) = \exp\left(-\int_0^x \frac{s}{100}ds\right) = \exp\left(-\frac{x^2}{200}\right)$$

이므로

$$\begin{aligned} _{20|10}q_5 &= \frac{e^{-\frac{25^2}{200}} - e^{-\frac{35^2}{200}}}{e^{-\frac{5^2}{200}}} \\ &= e^{-\frac{625}{200}+\frac{25}{200}} - e^{-\frac{1225}{200}+\frac{25}{200}} \\ &= e^{-\frac{600}{200}} - e^{-\frac{1200}{200}} = e^{-3} - e^{-6} \\ &= \frac{e^3-1}{e^6} \end{aligned}$$

(3) $f_T(t) = 2e^{-2t}$, $t \geq 0$이므로 $T \sim E(2)$이다. 따라서 $E[T] = \frac{1}{2}$이고 $Var(T) = \frac{1}{4}$이다.

문제 4.2.30. 확률 $P(30 < X \le 40 \mid X > 20)$을 생존함수로 표현하여라.

(풀이). 조건부확률의 정의에 의하여

$$\begin{aligned} P(30 < X \le 40 \mid X > 20) &= \frac{P(\{30 < X \le 40\} \cap \{X > 20\})}{P(X > 20)} \\ &= \frac{P(30 < X \le 40)}{P(X > 20)} \\ &= \frac{s_X(30) - s_X(40)}{s_X(20)} \end{aligned}$$

이다.

문제 4.2.31. 모든 $x > 0$에 대하여 x세 사람의 사력이 $\mu_X(x) = kx$이고, ${}_{10}p_{35} = 0.81$임을 알고 있다. 이때 ${}_{20}p_{40}$을 구하여라.

(풀이). 다음 식

$${}_tp_x = \frac{s_X(x+t)}{s_X(x)} = \exp\left[-\int_x^{x+t} \mu_X(s)ds\right] = \exp\left[-\frac{k}{2}[s^2]_x^{x+t}\right]$$

을 이용하면,

$$0.81 = {}_{10}p_{35} = \exp\left[-\frac{k}{2}[s^2]_{35}^{45}\right] = e^{-400k}$$

이다. 그러므로

$${}_{20}p_{40} = \exp\left[-\frac{k}{2}[s^2]_{40}^{60}\right] = e^{-1000k} = \left(e^{-400k}\right)^{2.5} = (0.81)^{2.5} = 0.59049$$

를 얻는다.

문제 4.2.35. $X \sim W(\alpha, \beta)$일 때, 다음 물음에 답하여라.

(1) X의 고장율 $h_X(x)$를 구하여라.

(2) 어떤 전기장치의 시간 당 고장율이 $h(t) = 2 \times 10^{-6}t$이다. 1000시간 후에도 이 전기장치가 여전히 작동할 확률을 구하여라.

(풀이). (1) X의 확률밀도함수 $f_X(x)$가 다음과 같이

$$f_X(x) = \alpha\beta x^{\beta-1}\exp\{-\alpha x^\beta\}, \quad x > 0$$

에 의하여 주어지므로, 분포함수 $F_X(x)$는 다음과 같다.

$$\begin{aligned} F_X(x) = P(0 < X \le x) &= \int_0^x f_X(x)dx \\ &= \int_0^x \alpha\beta x^{\beta-1}\exp\{-\alpha x^\beta\}dx \\ &= \Big[-\exp\{-\alpha x^\beta\}\Big]_0^x \\ &= 1 - \exp\{-\alpha x^\beta\} \end{aligned}$$

그러므로 생존함수는

$$\begin{aligned} S_X(x) &= P(X > x) = 1 - F_X(x) \\ &= \exp\{-\alpha x^\beta\} \end{aligned}$$

이고, 따라서 고장율 $h_X(x)$는 다음과 같이 계산된다.

$$\begin{aligned} h_X(x) &= \frac{f_X(x)}{S_X(x)} \\ &= \frac{\alpha\beta x^{\beta-1}\exp\{-\alpha x^\beta\}}{\exp\{-\alpha x^\beta\}} \\ &= \alpha\beta x^{\beta-1} \end{aligned}$$

(2) $h(t) = 2 \times 10^{-6}t = 10^{-6} \times 2t^{2-1}$이므로 $T \sim W(10^{-6}, 2)$이고 $s_T(t) = \exp(-10^{-6}t^2)$이다. 따라서

$$P(T \ge 1000) = s_T(1000) = \exp(-10^{-6} \times 1000^2) = e^{-1} = 0.368$$

<<제 5장의 문제와 풀이>>

문제 5.1.5. $\delta = 0.05$이고 $x = 30$이라 두고 $\omega = 100$인 de Moivre 법칙하에서 생각하자.

(1) $\overline{A}_{30}$, ${}^2\overline{A}_{30}$, $Var(Z)$를 구하여라.

(2) 일시납 순보험료로 사망보험금을 보상하는데 충분할 확률을 구하여라.

(풀이). (1) 예제 5.1.4의 (1)에 의하여,

$$\overline{A}_{30} = \frac{1}{100-30} \cdot \frac{1-e^{-(0.05)(100-30)}}{0.05} = 0.277086,$$
$${}^2\overline{A}_{30} = \frac{1}{100-30} \cdot \frac{1-e^{-(0.10)(100-30)}}{0.10} = 0.142727,$$
$$Var(Z) = E[Z^2] - E[Z]^2 = {}^2\overline{A}_{30} - (\overline{A}_{30})^2 = 0.065950$$

이다. ${}^2\overline{A}_{30}$은 $\overline{A}_{30}$의 공식에서 δ 대신 2δ를 대입하면 된다.

(2) 일시납 순보험료 $\overline{A}_{30}$이 사망보험금의 현가 Z보다 클 확률을 구하면 된다. 실제로,

$$\begin{aligned} P(Z \le \overline{A}_{30}) &= P(e^{-\delta T} \le \overline{A}_{30}) = P\left(T \ge \frac{-\ln(\overline{A}_{30})}{\delta}\right) \\ &= P\left(T \ge \frac{-\ln(0.277086)}{0.05}\right) = P(T \ge 25.6685) \\ &= \int_{25.6685}^{\omega-x} f_T(t)dt = \int_{25.6685}^{\omega-x} \frac{1}{\omega-x}dt \\ &= \int_{25.6685}^{70} \frac{1}{70}dt = 0.6333 \end{aligned}$$

을 얻을 수 있다.

문제 5.1.15. Z를 x세에 종신보험을 계약한 사람의 사망보험금 b_T의 PVRV라

하자. 임의의 $t \geq 0$에 대하여,

(i) $b_t = e^{0.05t}$

(ii) $\delta_t = 0.06$

(iii) $\mu_X(t) = \mu = 0.01$ (상수 사력)

이때 $Var(Z)$를 구하여라.

(풀이). $f_T(t)$를 먼저 구하면,

$$Z = b_T v^T = e^{0.05T} e^{-\delta T} = e^{0.05T} e^{-0.06T} = e^{-0.01T},$$

$$f_T(t) = \mu e^{-\mu t} = (0.01)e^{-0.01t}$$

이므로

$$\begin{aligned} E[Z] &= \int_0^\infty (b_t v^t) f_T(t) dt = \int_0^\infty e^{-0.01t}(0.01)e^{-0.01t} dt \\ &= \int_0^\infty (0.01)e^{-0.02t} dt = \frac{0.01}{0.02} = \frac{1}{2}, \\ E[Z^2] &= \int_0^\infty (0.01)e^{(-0.01)(2t)} e^{-0.01t} dt \\ &= \int_0^\infty (0.01)e^{-0.03t} dt = \frac{0.01}{0.03} = \frac{1}{3} \end{aligned}$$

이고

$$Var(Z) = \frac{1}{3} - \left(\frac{1}{2}\right)^2 = 0.083$$

문제 5.1.16. Z_1을 x세에 n년 사망보험을 계약한 사람의 정기보험금 1의 PVRV 라 하고, Z_2를 x세에 n년 양로보험을 계약한 사람의 양로보험금 1의 PVRV라 하자. 다음 조건을 만족한다고 가정하자.

(i) $v^n = 0.2$

(ii) ${}_n p_x = 0.5$

(iii) $E[Z_1] = 0.23$

(iv) $Var(Z_1) = 0.08$

(v) 사망보험금은 사망시점에 바로 지불한다. 즉, 연속생명보험이다.

이때 $Var(Z_2)$를 구하여라.

(풀이). Z_2가 연속 n년 양로보험금 1의 PVRV이므로 정리 5.1.11의 (4)에 의하여

$$Var(Z_2) = {}^2\overline{A}_{x:\overline{n}|} - (\overline{A}_{x:\overline{n}|})^2 = ({}^2\overline{A}^1_{x:\overline{n}|} + {}^2A_{x:\overline{n}|}^{\ \ 1}) - (\overline{A}^1_{x:\overline{n}|} + A_{x:\overline{n}|}^{\ \ 1})^2$$

여기서 $\overline{A}^1_{x:\overline{n}|} = E[Z_1] = 0.23$이고, 따라서

$$0.08 = Var(Z_1) = {}^2\overline{A}^1_{x:\overline{n}|} - (\overline{A}^1_{x:\overline{n}|})^2 = {}^2\overline{A}^1_{x:\overline{n}|} - (0.23)^2$$

이므로

$${}^2\overline{A}^1_{x:\overline{n}|} = 0.08 + (0.23)^2 = 0.1329$$

그리고

$$A_{x:\overline{n}|}^{\ \ 1} = v^n \cdot {}_n p_x = (0.2)(0.5) = 0.1$$

마지막으로

$${}^2A_{x:\overline{n}|}^{\ \ 1} = v^{2n}\,{}_n p_x = (0.2)^2(0.5) = 0.04$$

이므로

$$Var(Z_2) = (0.1329 + 0.04) - (0.23 + 0.1)^2 = 0.044$$

문제 5.1.17. Z를 60세에 5년 양로보험을 계약한 사람의 양로보험금 1000의 PVRV라 하자. 다음 조건을 만족한다고 가정하자.

(i) $\overline{A}_{60:\overline{5|}} = 0.7896$

(ii) ${}^2\overline{A}_{65} = 0.2836, \quad {}^2\overline{A}_{60} = 0.2196, \quad {}^2A_{60:\overset{\ \ 1}{\overline{5|}}} = 0.5649$

이때 $Var(Z)$를 구하여라.

(풀이). 다음 식

$$Var(Z) = 1000^2[{}^2\overline{A}_{60:\overline{5|}} - (\overline{A}_{60:\overline{5|}})^2]$$

을 계산하면 된다. $\overline{A}_{60:\overline{5|}} = 0.7896$이 주어져 있으므로 ${}^2\overline{A}_{60:\overline{5|}}$만 구하여 대입하면 된다.

$${}^2\overline{A}_{60:\overline{5|}} = {}^2\overline{A}^{1}_{60:\overline{5|}} + {}^2A_{60:\overset{\ \ 1}{\overline{5|}}}$$

을 이용하자. ${}^2A_{60:\overset{\ \ 1}{\overline{5|}}} = 0.5649$이고

$$\overline{A}^{1}_{60:\overline{5|}} = \overline{A}_{60} - {}_{5|}\overline{A}_{60} = \overline{A}_{60} - v^5\,{}_5p_{60}\,\overline{A}_{60+5} = \overline{A}_{60} - A_{60:\overset{\ \ 1}{\overline{5|}}}\,\overline{A}_{65}$$

2차 모멘트도 비슷하게 하여

$${}^2\overline{A}^{1}_{60:\overline{5|}} = {}^2\overline{A}_{60} - {}^2A_{60:\overset{\ \ 1}{\overline{5|}}}\,{}^2\overline{A}_{65} = 0.2196 - (0.5649)(0.2836) = 0.0594$$

그러므로

$${}^2\overline{A}_{60:\overline{5|}} = {}^2\overline{A}^{1}_{60:\overline{5|}} + {}^2A_{60:\overset{\ \ 1}{\overline{5|}}} = 0.0594 + 0.5649 = 0.6243$$

따라서

$$Var(Z) = 1000^2[0.6243 - (0.7896)^2] = 826.2$$

문제 5.2.2. 임의의 $n = 0, 1, 2, \cdots$에 대하여 $p_n = 0.95$이고 $i = 0.05$일 때, $A^1_{50:\overline{3}|}$을 구하여라.

(풀이). $A^1_{50:\overline{3}|}$은 (50)의 3년 사망보험금 1의 계리적 현가이다.

$$\begin{aligned} A^1_{50:\overline{3}|} &= vq_{50} + v^2 p_{50}\, q_1 + v^3 p_{50}\, p_{51}\, q_{52} \\ &= \left(\frac{1}{1.05}\right)(0.05) + \left(\frac{1}{1.05}\right)^2 (0.95)(0.05) \\ &\quad + \left(\frac{1}{1.05}\right)^3 (0.95)(0.95)(0.05) = 0.130 \end{aligned}$$

문제 5.2.3. 어느 x세 사람이 n년 양로보험에 가입하려고 한다. 이 보험은 보험 가입 후 n년간 생존하면 n차년도 말에 생존보험금 1000을 지불하고, 만약 n년 이내에 사망하면 사망년도의 말에 일시납 순보험료를 사망보험금으로 지불한다. 일시납 순보험료는 600이다. 특별히 사망보험금을 1000으로 특약하는 경우의 일시납 순보험료는 800이라고 한다. 이 사람의 n년 생존보험금 1000을 위한 일시납 순보험료는 얼마인가?

(풀이). $1000A_{x:\overset{1}{\overline{n}|}}$ 을 구하면 된다. 가정에 의하여

$$600 = 600A^1_{x:\overline{n}|} + 1000A_{x:\overset{1}{\overline{n}|}}$$

$$800 = 1000A^1_{x:\overline{n}|} + 1000A_{x:\overset{1}{\overline{n}|}}$$

이것을 연립하여 풀면 $A^1_{x:\overline{n}|} = 0.5,\ \ A_{x:\overset{1}{\overline{n}|}} = 0.3$이므로

$$1000A_{x:\overset{1}{\overline{n}|}} = 1000 \times 0.3 = 300$$

문제 5.2.6. Z를 x세에 보험에 가입한 사람이 사망 순간에 지불받는 종신보험금 1의 PVRV라 하자. 다음 가정이 주어져 있다.

(i) 임의의 $t \geq 0$에 대하여, $\mu_X(x) = 0.05$

(ii) $\delta = 0.10$

이때 $\frac{d}{dx}\overline{A}_x$와 $Var(Z)$를 구하여라.

(풀이). $\overline{A}_x = \frac{\mu}{\mu+\delta} = \frac{0.05}{0.05+0.10} = \frac{1}{3}$이므로 $\frac{d}{dx}\overline{A}_x = 0$이다. 그러므로 Z의 분산은 다음과 같다.

$$\begin{aligned} Var(Z) = E[Z^2] - E[Z]^2 = {}^2\overline{A}_x - (\overline{A}_x)^2 &= \frac{\mu}{\mu+2\delta} - \left(\frac{\mu}{\mu+\delta}\right)^2 \\ &= \frac{0.05}{0.05+0.20} - \left(\frac{0.05}{0.05+0.10}\right)^2 = \frac{4}{45} \end{aligned}$$

문제 5.2.9. 상수 사력의 가정하에서 $f_Z(z)$와 $E[Z^k]$을 구하여라.

(풀이). $\mu_X(x) = \mu$라는 가정하에서, $f_T(t) = \mu e^{-\mu t},\ \ 0 \leq t \leq \infty$이다. 따라서 참고 5.2.7을 적용하면, 다음을 얻는다.

$$f_Z(z) = \left(\frac{\mu}{\delta}\right) z^{(\mu/\delta)-1}, \quad 0 < z \leq 1$$

$$E[Z^k] = \frac{\mu}{\mu+k\delta}$$

문제 5.2.11. 이산생명보험모델에서 다음 재귀방정식을 증명하여라.

(1) $A_x = A^1_{x:\overline{1|}} + A_{x:\overset{1}{\overline{1|}}} \cdot A_{x+1} = v \cdot q_x + v \cdot p_x \cdot A_{x+1}$

$$A^1_{x:\overline{n|}} = A^1_{x:\overline{1|}} + A_{x:\overset{1}{\overline{1|}}} \cdot A^1_{x+1:\overline{n-1|}} = v \cdot q_x + v \cdot p_x \cdot A^1_{x+1:\overline{n-1|}}$$

$$A_{x:\overline{n}|} = A^1_{x:\overline{1}|} + A_{x:\overline{1}|}^{\ \ 1} \cdot A_{x+1:\overline{n-1}|} = v \cdot q_x + v \cdot p_x \cdot A_{x+1:\overline{n-1}|}$$

(2) $A_x = A^1_{x:\overline{n}|} + A_{x:\overline{n}|}^{\ \ 1} \cdot A_{x+n} = \sum_{k=0}^{n-1} v^{k+1} \cdot {}_kq_x + v^n \cdot {}_np_x \cdot A_{x+n}$

연속생명보험모델의 경우에는 위의 식의 첫번째 등식에서 $A_{x:\overline{1}|}^{\ \ 1}$을 제외한 모든 SNBP에 상단 Bar 기호 "$\overline{(\cdot)}$"를 붙이면 된다.

(풀이). (1)의 증명은 다음과 같다.

$$\begin{aligned}
A_x &= E[Z] = E[1 \cdot v^{K+1}] = \sum_{k=0}^{\infty} v^{k+1}{}_{k|}q_x = \sum_{k=0}^{\infty} v^{k+1}{}_kp_x\ q_{x+k} \\
&= v \cdot q_x + \sum_{k=1}^{\infty} v^{k+1}{}_kp_x\ q_{x+k} \\
&= v \cdot q_x + v \cdot p_x \sum_{k=1}^{\infty} v^k{}_{k-1}p_{x+1}\ q_{x+k} \\
&= v \cdot q_x + v \cdot p_x \sum_{j=0}^{\infty} v^{j+1}{}_jp_{x+1}\ q_{x+1+j} \\
&= v \cdot q_x + v \cdot p_x \cdot A_{x+1} = A^1_{x:\overline{1}|} + A_{x:\overline{1}|}^{\ \ 1} \cdot A_{x+1}
\end{aligned}$$

별도의 방법으로 증명해 보자. $E[v^{K+1}|K \geq 1] = v \cdot E[v^{(K-1)+1}|K-1 \geq 0] = v \cdot A_{x+1}$이므로

$$\begin{aligned}
A_x &= E[Z] = E[v^{K+1}] = E[v^{K+1}|K \geq 0] \\
&= E[v^{K+1}|K=0]P(K=0) + E[v^{K+1}|K \geq 1]P(K \geq 1) \\
&= v \cdot q_x + E[v^{K+1}|K \geq 1]p_x = v \cdot q_x + v \cdot p_x\ A_{x+1}
\end{aligned}$$

(1)의 나머지 부분의 증명도 비슷하므로, 독자에게 맡긴다.

(2) 먼저 (1)의 첫 번째 공식을 이용하여, $n = 2$인 경우를 생각하자.

$$\begin{aligned} A_x &= v \cdot q_x + v \cdot p_x \cdot A_{x+1} \\ &= v \cdot q_x + v \cdot p_x \cdot [v \cdot q_{x+1} + v \cdot p_{x+1} \cdot A_{x+2}] \\ &= v \cdot q_x + v^2 \cdot p_x \cdot q_{x+1} + v^2 \cdot p_x \cdot p_{x+1} \cdot A_{x+2}] \\ &= v \cdot {}_0q_x + v^2 \cdot {}_1q_x + v^2 \cdot {}_2p_x \cdot A_{x+2} \\ &= \sum_{k=0}^{1} v^{k+1} \cdot {}_kq_x + v^2 \cdot {}_2p_x \cdot A_{x+2} \end{aligned}$$

이므로, $n = 2$일 때 (2)가 성립한다. 이제 $n = m$일 때 성립한다고 가정하자. 그러면

$$\begin{aligned} A_x &= \sum_{k=0}^{m-1} v^{k+1} \cdot {}_kq_x + v^m \cdot {}_mp_x \cdot A_{x+m} \\ &= \sum_{k=0}^{m-1} v^{k+1} \cdot {}_kq_x + v^m \cdot {}_mp_x \cdot [v \cdot q_{x+m} + v \cdot p_{x+m} \cdot A_{x+m+1}] \\ &= \sum_{k=0}^{m-1} v^{k+1} \cdot {}_kq_x + v^{m+1} \cdot {}_mp_x \cdot q_{x+m} + v^{m+1} \cdot {}_mp_x \cdot p_{x+m} \cdot A_{x+m+1} \\ &= \sum_{k=0}^{m-1} v^{k+1} \cdot {}_kq_x + v^{m+1} \cdot {}_mq_x + v^{m+1} \cdot {}_{m+1}p_x \cdot A_{x+m+1} \\ &= \sum_{k=0}^{m} v^{k+1} \cdot {}_kq_x + v^{m+1} \cdot {}_{m+1}p_x \cdot A_{x+m+1} \end{aligned}$$

이므로, $n = m + 1$일 때도 성립한다. 따라서 수학적 귀납법에 의하여 임의의 자연수 n에 대하여 (2)가 성립한다.

문제 5.2.12. (1) 다음 값들이 주어져 있다.

$$s_X(40) = 0.500, \quad s_X(41) = 0.475, \quad i = 0.06, \quad \overline{A}_{41} = 0.54$$

UDD 가정하에서 A_{40}을 구하여라.

(2) 다음 값들이 주어져 있다.

$$A_x = 0.25, \quad A_{x+20} = 0.40, \quad A_{x:\overline{20|}} = 0.55, \quad i = 0.03$$

UDD 가정하에서 $1000\overline{A}_{x:\overline{20|}}$을 구하여라.

(풀이). (1) 문제 5.2.11의 $A_x = v \cdot q_x + v \cdot p_x \; A_{x+1}$과 $\overline{A}_{x+1} = \frac{i}{\delta} A_{x+1}$을 이용한다. $A_{40} = v \cdot q_{40} + v \cdot p_{40} \cdot A_{41}$에서 $i = 0.06$이므로 $v = (1+i)^{-1} = \frac{1}{1.06}$이고 $\delta = \ln(1+i) = \ln(1.06)$이다. 따라서

$$A_{41} = \frac{\delta}{i}\overline{A}_{41} = \frac{\ln(1.06)}{0.06} \times 0.54 = 0.5244$$

그리고

$$p_{40} = \frac{s_X(41)}{s_X(40)} = \frac{0.475}{0.500} = 0.95$$

$$q_{40} = 1 - p_{40} = 1 - 0.95 = 0.05$$

그러므로

$$A_{40} = \frac{1}{1.06}(0.05) + \frac{1}{1.06}(0.95)(0.5244) = 0.517$$

(2) 정리 5.2.10의 (3)과 문제 5.2.11의 (2)에 의하여

$$\overline{A}_{x:\overline{20|}} = \frac{i}{\delta} A^1_{x:\overline{20|}} + v^{20} \cdot {}_{20}p_x$$

이다.

$$A_x = A^1_{x:\overline{20|}} + v^{20} \cdot {}_{20}p_x \; A_{x+20}$$

$$A_{x:\overline{20|}} = A^1_{x:\overline{20|}} + v^{20} \cdot {}_{20}p_x$$

로부터

$$0.25 = A^1_{x:\overline{20|}} + v^{20} \cdot {}_{20}p_x \times 0.40$$

$$0.55 = A^1_{x:\overline{20|}} + v^{20} \cdot {}_{20}p_x$$

인데, 이 연립방정식을 풀면 $A^{1}_{x:\overline{20|}} = 0.05, v^{20} \cdot {}_{20}p_x = 0.5$이다. 이것을 첫번째 식에 대입하면 $\overline{A}_{x:\overline{20|}} = 0.551$이므로 $1000\overline{A}_{x:\overline{20|}} = 551$이다.

문제 5.2.13. $i = 0.06$이고 $A_{25} = 0.08165$라 가정하자. UDD 가정하에서, 다음 물음에 답하여라.

(1) 25세 사람이 사망하는 연도의 말에 지불하는 종신보험금 1000에 대한 일시납 순보험료(NSP)를 구하여라.

(2) 25세 사람이 사망하는 순간 곧 바로 지불하는 종신보험금 1000에 대한 일시납 순보험료(NSP)를 구하여라.

(풀이). (1) 문제의 조건에 의하여,

$$1000A_{25} = (1000)(0.08165) = 81.65$$

를 얻는다.

(2) 문제의 조건에 의하여,

$$1000\overline{A}_{25} = 1000 \cdot \frac{i}{\delta} A_{25} = 81.65 \cdot \frac{i}{\delta}$$

이다. 여기서 $i = 0.06$이고 $\delta = \ln(1+i) = \ln(1.06)$이므로

$$1000\overline{A}_{25} = (81.65)\frac{0.06}{\ln(1.06)} = 84.08$$

을 얻는다.

문제 5.2.14. Z가 x세 사람의 이산 1년 정기보험금 1,000의 현가확률변수이고,

(i) $E[Z]=20$

(ii) $Var(Z)=17,600$

을 만족할 때, 연 실효이자율 i의 값을 구하여라.

(풀이). 가정에 의하여,

$$20=E[Z]=1,000A^{1}_{x:\overline{1|}}=1,000v\cdot q_x$$

이므로, $v\cdot q_x=0.02$이다. 한편,

$$\begin{aligned}17,600&=Var(Z)\\&=1,000^2\ {}^2A^{1}_{x:\overline{1|}}-(1,000A^{1}_{x:\overline{1|}})^2\\&=1,000,000\left[v^2\cdot q_x-(v\cdot q_x)^2\right]\\&=1,000,000\left[v(v\cdot q_x)-(v\cdot q_x)^2\right]\\&=1,000,000[0.02v-0.02^2]\end{aligned}$$

이고, 따라서

$$\frac{1}{1+i}=v=0.9$$

이다. 그러므로 $i=1/9$을 얻는다.

<<제 6장의 문제와 풀이>>

문제 6.1.8. 다음 물음에 답하여라.

(1) $\overline{a}_{20}$과 $\overline{a}_{\overline{20|}}$을 비교하여 설명하여라. 만약 $\omega = 100$이면 $\overline{a}_{20} < \overline{a}_{\overline{80|}}$인 이유는 무엇인가?

(2) 임의의 $0 \leq x < \infty$에 대하여 $l_x = \omega - x$일 때, 즉, 드 모아브르 법칙(de Moivre's Law)하에서, $\overline{a}_x$를 구하여라.

(3) 임의의 $t \geq 0$에 대하여 $\mu_X(t) = \mu$(상수)일 때, 즉, 상수 사력을 가질 때, $\overline{a}_x$를 구하여라.

(풀이). (1) $\overline{a}_{20}$은 20세 사람에게 사망할 때까지 1(원/년)을 연속적으로 지불하는 연금, 즉 기본연속 종신연금의 현가확률변수 Y의 기댓값 $E[Y]$이다. 반면,

$$\overline{a}_{\overline{20|}} = \int_0^{20} v^t dt = \int_0^{20} e^{-\delta t} dt = \frac{1 - e^{-20\delta}}{\delta}$$

는 20년동안 확정적으로 1(원/년)을 연속적으로 지불하는 연금, 즉 기본연속 20년확정연금의 현가이다. 그리고, 만약 $\omega = 100$이면 20세 사람은 길어야 80년간 종신연금을 받을 수 있다. 그러므로 20세 사람들이 받는 종신연금의 현가의 평균값 $\overline{a}_{20}$은 80년간 확정적으로 받는 연금의 현가 $\overline{a}_{\overline{80|}}$ 보다 작다. 즉, $\overline{a}_{20} < \overline{a}_{\overline{80|}}$이다. (물론 $\overline{a}_{20} > \overline{a}_{\overline{20|}}$은 분명하다.)

(2) 예제 5.1.4의 (1)에 의하여

$$\overline{A}_x = \frac{1}{\omega - x} \frac{1 - e^{\delta(\omega - x)}}{\delta} = \frac{1}{\omega - x} \, \overline{a}_{\overline{\omega - x|}} \qquad \cdots (i)$$

한편, 참고 6.1.3에 의하여

$$\overline{a}_x = E[Y] = E\left[\frac{1-Z}{\delta}\right] = \frac{1-E[Z]}{\delta} = \frac{1-\overline{A}_x}{\delta} \qquad \cdots (ii)$$

식 (i)을 식 (ii)에 대입하면

$$\overline{a}_x = \frac{1-\frac{1}{\omega-x}\,\overline{a}_{\overline{\omega-x|}}}{\delta} = \frac{(\omega-x)-\overline{a}_{\overline{\omega-x|}}}{(\omega-x)\delta}$$

이다.

(3) 예제 5.1.4의 (2)에 의하여 $\overline{A}_x = \frac{\mu}{\mu+\delta}$이므로

$$\overline{a}_x = \frac{1-\overline{A}_x}{\delta} = \frac{1-\frac{\mu}{\mu+\delta}}{\delta} = \frac{1}{\mu+\delta}$$

이 성립한다.

문제 6.1.9. x세 사람이 다음 조건을 만족하는 기본연속 5년 확정 후 종신연금에 가입하였다.

(i) $\mu_X(t) = 0.01, \quad t \geq 0$

(ii) $\delta = 0.04$

이 연금의 현가확률변수 Y의 분포함수를 $F_Y(y)$라 할 때, $F_Y(30) - F_Y(5)$를 계산하여라.

(풀이). 현가확률변수 Y를

$$Y = \begin{cases} \overline{a}_{\overline{5|}} & \text{if } 0 < T \leq 5 \\ \overline{a}_{\overline{T|}} & \text{if } T > 5 \end{cases}$$

라 두자.

$$\bar{a}_{\overline{5}|} = \frac{1-e^{-5\delta}}{\delta} = \frac{1-e^{-5\times 0.04}}{0.04} = 4.53$$

$$\bar{a}_{\overline{\omega-5}|} = \frac{1-e^{-(\omega-5)\delta}}{\delta} = \frac{1}{\delta} = \frac{1}{0.04} = 25$$

이므로 $\bar{a}_{\overline{5}|} \le Y \le \bar{a}_{\overline{\omega-5}|} = 25$이다. 그러므로

$$F_Y(30) = P(Y \le 30) = 1$$

이제 $F_Y(5)$를 구하기 위하여 먼저 $\bar{a}_{\overline{t}|} = 5$를 만족하는 t를 구하자. $\bar{a}_{\overline{T}|} = Y = 5 = \bar{a}_{\overline{t}|}$로부터 $Y \le 5 \iff T \le t$이므로

$$F_Y(5) = P(Y \le 5) = P(T \le t) = {}_tq_x$$

이다.

$$5 = \bar{a}_{\overline{t}|} = \frac{1-e^{-\delta t}}{\delta} = \frac{1-e^{-0.04t}}{0.04}, \ t = \frac{\ln(0.8)}{-0.04} = 5.58$$

이므로

$$F_Y(5) = {}_tq_x = {}_{5.58}q_x = 1 - {}_{5.58}p_x = 1 - e^{-(5.58)(0.01)} = 0.054$$

따라서

$$F_Y(30) - F_Y(5) = 1 - 0.054 = 0.946$$

문제 6.2.2. 어떤 사람이 금액 B를 연 실효이자율 i로 은행에 예금하였다. 다음 물음에 답하여라.

(1) 금액 B가 이 사람이 평생 동안 해마다 연초에 1(원/년)씩 인출하여 사용하고도 남을 확률을 구하여라.

(2) $B = 10$이고 $i = 0.06$일 때, 이 확률은 ${}_kq_x$이다. 이때 k의 값을 구하여라.

(풀이). (1) $P(B > Y)$를 구하면 된다.

$$P(B > Y) = P(B > \ddot{a}_{\overline{K+1|}}) = P\left(B > \frac{1-v^{K+1}}{d}\right)$$
$$= P(v^{K+1} > 1 - Bd) = P(e^{-\delta(K+1)} > 1 - Bd)$$
$$= P(-\delta(K+1) > \ln(1 - Bd))$$
$$= P\left(K < -\frac{\ln(1-Bd)}{\delta} - 1\right)$$

이다.

(2) $\delta = \ln(1+i) = \ln(1.06),\ B = 10,\ d = 1 - v = 1 - \frac{1}{1+i} = \frac{i}{1+i} = \frac{0.06}{1.06}$이므로

$$P(B > Y) = P(K < 13.3266) = P(K < 14) = {}_{14}q_x$$

이므로 $k = 14$를 얻는다.

문제 6.2.4. 다음과 같이 생명표의 일부가 주어져 있다.

x	90	91	92	93
l_x	100	72	39	0

90세 사람에게 지불하는 기본 이산 기초지불 종신연금의 현가확률변수를 Y라 할 때, 다음을 구하여라. 단, $i = 0.6$이다.

(1) Y의 분포

(2) $\ddot{a}_{90} = E[Y]$

(3) $Var(Y)$

(풀이). (1) $K = 0, 1, 2$에 대하여 $Y = \ddot{a}_{\overline{K+1|}}$이고 $f_K(k) = P(K = k) = \frac{d_{90+k}}{l_{90}}$이다. 그러므로 Y는 다음의 표와 같이 분포되어 있다.

$Y = \ddot{a}_{\overline{K+1\vert}}$의 값	확률 $f_K(k)$	K의 값
$\ddot{a}_{\overline{1\vert}} = 1$	$\frac{d_{90}}{l_{90}} = \frac{28}{100}$	$K = 0$
$\ddot{a}_{\overline{2\vert}} = 1.943396$	$\frac{d_{91}}{l_{90}} = \frac{33}{100}$	$K = 1$
$\ddot{a}_{\overline{3\vert}} = 2.833393$	$\frac{d_{92}}{l_{90}} = \frac{39}{100}$	$K = 2$

$\ddot{a}_{\overline{2|}}$와 $\ddot{a}_{\overline{3|}}$의 계산은 다음과 같다.

$$\ddot{a}_{\overline{2|}} = 1 + v = 1 + \frac{1}{1+i} = 1 + \frac{1}{1.06} = 1.943396$$
$$\ddot{a}_{\overline{3|}} = 1 + v + v^2 = 1 + \frac{1}{1.06} + \left(\frac{1}{1.06}\right)^2 = 2.833393$$

(2) 다음과 같이 계산한다.

$$\begin{aligned}\ddot{a}_{90} = E[Y] &= \sum_{k=0}^{2} \ddot{a}_{\overline{k|}}\, f_K(k) \\ &= 1 \times \frac{28}{100} + 1.943396 \times \frac{33}{100} + 2.833393 \times \frac{39}{100} = 2.026344\end{aligned}$$

(3) Y의 분산을 구하면 다음과 같다.

$$E[Y^2] = 1^2 \times \frac{28}{100} + (1.943396)^2 \times \frac{33}{100} + (2.833393)^2 \times \frac{39}{100} = 4.657305$$

$$Var(Y) = 4.657305 - (2.026344)^2 = 0.551235$$

(2)와 (3)을 별도의 방법으로 계산해 보자. $\omega - x - 1 = 93 - 90 - 1 = 2$이므로

$$\begin{aligned}A_{90} &= \sum_{k=0}^{\omega-x-1} v^{k+1} f_K(k) = \sum_{k=0}^{2} v^{k+1} \frac{d_{90+k}}{l_{90}} \\ &= \left(\frac{1}{1.06}\right)\left(\frac{28}{100}\right) + \left(\frac{1}{1.06}\right)^2\left(\frac{33}{100}\right) + \left(\frac{1}{1.06}\right)^3\left(\frac{39}{100}\right) = 0.885301\end{aligned}$$

$$\begin{aligned}{}^2A_{90} &= \sum_{k=0}^{2} \left(v^{k+1}\right)^2 \frac{d_{90+k}}{l_{90}} \\ &= \left(\frac{1}{1.06}\right)^2\left(\frac{28}{100}\right) + \left(\frac{1}{1.06}\right)^4\left(\frac{33}{100}\right) + \left(\frac{1}{1.06}\right)^6\left(\frac{39}{100}\right) = 0.785525\end{aligned}$$

이다. 따라서

$$\ddot{a}_{90} = \frac{1 - A_{90}}{d} = \frac{1 - 0.885301}{\frac{0.06}{1.06}} = 2.026344$$

$$Var(Y) = \frac{1}{d^2}\left[{}^2A_{90} - (A_{90})^2\right] = \left(\frac{1.06}{0.06}\right)^2 (0.785525 - (0.885301)^2)$$

$$= 0.551188$$

이다.

<<제 7장의 문제와 풀이>>

문제 7.1.3. 다음 조건을 가정한다.

(i) $l_x = 100 - x$ (드 모아브르 법칙)

(ii) $\delta = 0.05$

이때 $\overline{P}(\overline{A}_x)$를 구하여라. 단, $x = 30$이다.

(풀이). 조건 (i)과 정리 4.2.9에 의하여, $T(30) \sim U(0, 100-30)$이므로 $f_T(t) = 1/70$이다. 따라서

$$\begin{aligned}\overline{A}_{30} = E[Z] &= \int_0^{70} e^{-\delta t} f_T(t)dt = \int_0^{70} e^{-0.05t}\frac{1}{70}dt \\ &= \left[\frac{-e^{-0.05t}}{(0.05)(70)}\right]_0^{70} = 0.2772\end{aligned}$$

참고 6.1.2에 의하여, $\overline{a}_{30} = (1 - \overline{A}_{30})/\delta = (1 - 0.2771)/0.05 = 14.458$이다. 그러므로 정리 7.1.2에 의하여, $\overline{P}(\overline{A}_{30}) = 0.2771/14.458 = 0.01917$을 얻는다.

문제 7.1.4. 상수 사력 $\mu_X(x) = \mu$를 가진다고 가정할 때, 완전연속종신보험의 연간 급부보험료 $\overline{P}(\overline{A}_x)$를 구하여라.

(풀이). 상수 이자력 δ를 가진다고 하자. 예제 5.1.4와 문제 6.1.8의 (3)에 의하여,

$$\overline{A}_x = \frac{\mu}{\mu+\delta}, \quad \overline{a}_x = \frac{1}{\mu+\delta}$$

을 얻는다. 따라서 다음 결과가 성립한다.

$$\overline{P}(\overline{A}_x) = \frac{\overline{A}_x}{\overline{a}_x} = \mu$$

문제 7.1.6. 다음 조건을 가정한다.

(i) $\mu_X(t) = \mu = 0.04$ (상수 사력)

(ii) $\delta = 0.06$

이때 $Var(L)$을 구하여라.

(풀이). 상수 사력을 가지므로 예제 5.1.4에 의하여,

$$\overline{A}_x = \frac{\mu}{\mu+\delta} = \frac{0.04}{0.04+0.06} = 0.40$$
$$^2\overline{A}_x = \frac{\mu}{\mu+2\delta} = \frac{0.04}{0.04+0.12} = 0.25$$

이고, 참고 6.1.3에 의하여 $1 = \delta\overline{a}_x + \overline{A}_x$이므로

$$\overline{a}_x = \frac{1}{\mu+\delta} = \frac{1}{0.04+0.06} = 10.0$$

이다. 정리 7.1.5에 의하여

$$Var(L) = \frac{^2\overline{A}_x - (\overline{A}_x)^2}{(\delta\overline{a}_x)^2} = \frac{0.25-(0.40)^2}{(0.06)^2(10.0)^2} = 0.25$$

를 얻는다.

문제 7.3.3. 다음과 같이 가정하자.

(i) $v = 0.95$

(ii) 임의의 $k = 0, 1, \cdots, 39$에 대하여, ${}_{k|}q_{30} = 0.025$

이때 P_{30}을 구하여라.

(풀이). A_{30}을 먼저 구하면

$$\begin{aligned} A_{30} &= \sum_{k=0}^{39} v^{k+1}{}_{k|}q_{30} = \sum_{k=0}^{39} (0.95)^{k+1}(0.025) \\ &= (0.025)(0.95)\frac{1-(0.95)^{40}}{1-0.95} = 0.414 \end{aligned}$$

이고 $d = 1 - v = 0.05$이므로,

$$\ddot{a}_{30} = (1 - A_{30})/d = (1 - 0.414)/0.05 = 11.720$$

이다. 따라서

$$P_{30} = \frac{A_{30}}{\ddot{a}_{30}} = \frac{0.414}{11.72} = 0.035$$

를 얻는다.

부록

표준정규분포표

z	0.00	0.01	0.02	0.03	0.04	0.05	0.06	0.07	0.08	0.09
0.0	.5000	.5040	.5080	.5120	.5160	.5199	.5239	.5279	.5319	.5359
0.1	.5398	.5438	.5478	.5517	.5557	.5596	.5636	.5675	.5714	.5753
0.2	.5793	.5832	.5871	.5910	.5948	.5987	.6026	.6064	.6103	.6141
0.3	.6179	.6217	.6255	.6293	.6331	.6368	.6406	.6443	.6480	.6517
0.4	.6554	.6591	.6628	.6664	.6700	.6736	.6772	.6808	.6844	.6879
0.5	.6915	.6950	.6985	.7019	.7054	.7088	.7123	.7157	.7190	.7224
0.6	.7257	.7291	.7324	.7357	.7389	.7422	.7454	.7486	.7517	.7549
0.7	.7580	.7611	.7642	.7673	.7704	.7734	.7764	.7794	.7823	.7852
0.8	.7881	.7910	.7939	.7967	.7995	.8023	.8051	.8078	.8106	.8133
0.9	.8159	.8186	.8212	.8238	.8264	.8289	.8315	.8340	.8365	.8389
1.0	.8413	.8438	.8461	.8485	.8508	.8531	.8554	.8577	.8599	.8621
1.1	.8643	.8665	.8686	.8708	.8729	.8749	.8770	.8790	.8810	.8830
1.2	.8849	.8869	.8888	.8907	.8925	.8944	.8962	.8980	.8997	.9015
1.3	.9032	.9049	.9066	.9082	.9099	.9115	.9131	.9147	.9162	.9177
1.4	.9192	.9207	.9222	.9236	.9251	.9265	.9279	.9292	.9306	.9319
1.5	.9332	.9345	.9357	.9370	.9382	.9394	.9406	.9418	.9429	.9441
1.6	.9452	.9463	.9474	.9484	.9495	.9505	.9515	.9525	.9535	.9545
1.7	.9554	.9564	.9573	.9582	.9591	.9599	.9608	.9616	.9625	.9633
1.8	.9641	.9649	.9656	.9664	.9671	.9678	.9686	.9693	.9699	.9706
1.9	.9713	.9719	.9726	.9732	.9738	.9744	.9750	.9756	.9761	.9767
2.0	.9772	.9778	.9783	.9788	.9793	.9798	.9803	.9808	.9812	.9817
2.1	.9821	.9826	.9830	.9834	.9838	.9842	.9846	.9850	.9854	.9857
2.2	.9861	.9864	.9868	.9871	.9875	.9878	.9881	.9884	.9887	.9890
2.3	.9893	.9896	.9898	.9901	.9904	.9906	.9909	.9911	.9913	.9916
2.4	.9918	.9920	.9922	.9925	.9927	.9929	.9931	.9932	.9934	.9936

2.5	.9938	.9940	.9941	.9943	.9945	.9946	.9948	.9949	.9951	.9952
2.6	.9953	.9955	.9956	.9957	.9959	.9960	.9961	.9962	.9963	.9964
2.7	.9965	.9966	.9967	.9968	.9969	.9970	.9971	.9972	.9973	.9974
2.8	.9974	.9975	.9976	.9977	.9977	.9978	.9979	.9979	.9980	.9981
2.9	.9981	.9982	.9982	.9983	.9984	.9984	.9985	.9985	.9986	.9986
3.0	.9987	.9987	.9987	.9988	.9988	.9989	.9989	.9989	.9990	.9990
3.1	.9990	.9991	.9991	.9991	.9992	.9992	.9992	.9992	.9993	.9993
3.2	.9993	.9993	.9994	.9994	.9994	.9994	.9994	.9995	.9995	.9995
3.3	.9995	.9995	.9995	.9996	.9996	.9996	.9996	.9996	.9996	.9997

이 표는 임의의 $z \in [0, 3.39]$에 대하여

$$\alpha = \Phi(z) = P(Z \le z) = \frac{1}{\sqrt{2\pi}} \int_{-\infty}^{z} \exp(-\frac{x^2}{2}) dx$$

의 값을 나타낸 것이다. 역으로 임의의 $\alpha \in (0.5, 1)$에 대하여, z의 값도 찾을 수 있다. 표준정규확률변수의 확률밀도함수가 0에 대하여 대칭이므로 $z \in [0, 3.39]$의 값에 대하여

$$P(0 \le Z \le z) = \Phi(z) - \frac{1}{2}$$

임을 알 수 있다. 예로서,

$$\Phi(1.96) = 0.975,\ P(0 \le Z \le 1.96) = 0.475,\ \Phi(-1.96) = 0.025$$

이다.

2005년도 대한민국 국민생명표 (전체)

각세별	2005년도 대한민국 국민생명표(전체)			
	사망확률 q_x	생존자(명) l_x	정지인구 $(l_x + l_{x+1})/2$	기대여명(년) $E[T(x)]$
0세	0.00493	100,000	99,575	78.63
1세	0.00045	99,507	99,484	78.02
2세	0.00034	99,462	99,445	77.06
3세	0.00028	99,428	99,414	76.08
4세	0.00023	99,401	99,389	75.1
5세	0.00021	99,377	99,367	74.12
6세	0.0002	99,357	99,347	73.14
7세	0.00018	99,337	99,328	72.15
8세	0.00016	99,319	99,311	71.16
9세	0.00014	99,303	99,296	70.17
10세	0.00013	99,289	99,282	69.18
11세	0.00013	99,276	99,269	68.19
12세	0.00014	99,263	99,256	67.2
13세	0.00016	99,249	99,241	66.21
14세	0.00018	99,233	99,224	65.22
15세	0.00022	99,215	99,204	64.23
16세	0.00027	99,193	99,179	63.25
17세	0.00032	99,166	99,150	62.26
18세	0.00036	99,134	99,116	61.28
19세	0.00039	99,099	99,079	60.31
20세	0.00043	99,060	99,038	59.33
21세	0.00046	99,017	98,994	58.36
22세	0.00049	98,972	98,947	57.38
23세	0.00052	98,923	98,898	56.41
24세	0.00054	98,872	98,845	55.44
25세	0.00056	98,818	98,791	54.47
26세	0.00057	98,763	98,735	53.5
27세	0.00058	98,706	98,678	52.53
28세	0.00061	98,649	98,619	51.56
29세	0.00065	98,589	98,557	50.59
30세	0.00069	98,525	98,491	49.62
31세	0.00073	98,457	98,421	48.66
32세	0.00076	98,384	98,347	47.69
33세	0.00079	98,309	98,270	46.73
34세	0.00084	98,231	98,190	45.77
35세	0.00092	98,149	98,103	44.8

36세	0.00102	98,058	98,008	43.84
37세	0.00113	97,958	97,903	42.89
38세	0.00125	97,847	97,786	41.94
39세	0.00136	97,725	97,658	40.99
40세	0.00148	97,592	97,520	40.04
41세	0.00162	97,448	97,369	39.1
42세	0.00179	97,290	97,203	38.16
43세	0.00199	97,115	97,019	37.23
44세	0.0022	96,922	96,816	36.31
45세	0.00243	96,709	96,592	35.38
46세	0.00265	96,474	96,346	34.47
47세	0.00289	96,218	96,079	33.56
48세	0.00313	95,940	95,790	32.66
49세	0.00336	95,640	95,479	31.76
50세	0.00359	95,319	95,147	30.86
51세	0.00387	94,976	94,792	29.97
52세	0.00421	94,608	94,409	29.09
53세	0.00457	94,210	93,995	28.21
54세	0.00494	93,780	93,548	27.33
55세	0.00533	93,316	93,067	26.47
56세	0.00569	92,818	92,555	25.61
57세	0.00605	92,291	92,011	24.75
58세	0.00644	91,732	91,437	23.9
59세	0.0069	91,141	90,827	23.05
60세	0.00756	90,512	90,170	22.21
61세	0.0084	89,828	89,450	21.37
62세	0.00937	89,073	88,656	20.55
63세	0.01036	88,239	87,781	19.74
64세	0.01134	87,324	86,829	18.94
65세	0.01234	86,334	85,801	18.15
66세	0.01351	85,268	84,692	17.37
67세	0.01498	84,116	83,486	16.6
68세	0.01671	82,856	82,164	15.85
69세	0.01861	81,472	80,714	15.11
70세	0.02068	79,956	79,129	14.39
71세	0.02284	78,302	77,408	13.68
72세	0.02515	76,514	75,551	12.99
73세	0.02783	74,589	73,551	12.31
74세	0.03108	72,513	71,386	11.65
75세	0.03479	70,259	69,037	11

76세	0.03899	67,815	66,493	10.38
77세	0.04391	65,171	63,740	9.78
78세	0.04927	62,309	60,774	9.21
79세	0.05522	59,239	57,604	8.66
80세	0.06207	55,968	54,231	8.14
81세	0.06969	52,494	50,665	7.64
82세	0.07782	48,836	46,936	7.18
83세	0.08616	45,035	43,095	6.74
84세	0.09484	41,155	39,204	6.33
85세	0.10472	37,252	35,301	5.94
86세	0.11521	33,351	31,430	5.58
87세	0.12628	29,509	27,645	5.24
88세	0.1379	25,782	24,005	4.93
89세	0.15004	22,227	20,559	4.63
90세	0.16265	18,892	17,355	4.36
91세	0.17567	15,819	14,430	4.11
92세	0.18903	13,040	11,808	3.88
93세	0.20266	10,575	9,504	3.67
94세	0.21648	8,432	7,519	3.48
95세	0.23038	6,607	5,846	3.3
96세	0.24427	5,085	4,464	3.14
100세이상	1	1,485	3,916	2.64

2005년도 대한민국 국민생명표(남자)

각세별	2005년도 대한민국 국민생명표(남자)			
	사망확률	생존자(명)	정지인구(명)	기대여명(년)
0세	0.00528	100,000	99,538	75.14
1세	0.00045	99,472	99,450	74.53
2세	0.00035	99,428	99,410	73.57
3세	0.0003	99,392	99,377	72.59
4세	0.00026	99,362	99,349	71.62
5세	0.00024	99,336	99,324	70.63
6세	0.00022	99,313	99,302	69.65
7세	0.00021	99,291	99,280	68.67
8세	0.00019	99,270	99,261	67.68
9세	0.00016	99,252	99,243	66.69
10세	0.00015	99,235	99,228	65.7
11세	0.00014	99,221	99,214	64.71
12세	0.00015	99,207	99,199	63.72
13세	0.00018	99,192	99,183	62.73
14세	0.00022	99,174	99,163	61.74
15세	0.00028	99,152	99,138	60.76
16세	0.00034	99,124	99,108	59.77
17세	0.0004	99,091	99,071	58.79
18세	0.00045	99,051	99,028	57.82
19세	0.0005	99,006	98,981	56.84
20세	0.00053	98,956	98,930	55.87
21세	0.00055	98,904	98,876	54.9
22세	0.00058	98,849	98,820	53.93
23세	0.00062	98,792	98,761	52.96
24세	0.00065	98,731	98,699	51.99
25세	0.00069	98,667	98,633	51.03
26세	0.00071	98,599	98,563	50.06
27세	0.00073	98,528	98,492	49.1
28세	0.00076	98,457	98,419	48.13
29세	0.00082	98,381	98,341	47.17
30세	0.00088	98,300	98,257	46.21
31세	0.00093	98,214	98,168	45.25
32세	0.00097	98,122	98,075	44.29
33세	0.00102	98,027	97,977	43.33
34세	0.0011	97,927	97,873	42.38
35세	0.00121	97,819	97,760	41.42
36세	0.00135	97,701	97,635	40.47

37세	0.0015	97,569	97,496	39.53
38세	0.00167	97,423	97,341	38.59
39세	0.00185	97,260	97,170	37.65
40세	0.00205	97,080	96,981	36.72
41세	0.00227	96,881	96,771	35.79
42세	0.00253	96,661	96,539	34.87
43세	0.00284	96,417	96,280	33.96
44세	0.00319	96,143	95,990	33.05
45세	0.00354	95,836	95,667	32.16
46세	0.00387	95,497	95,312	31.27
47세	0.00421	95,127	94,927	30.39
48세	0.00455	94,727	94,511	29.52
49세	0.00493	94,295	94,063	28.65
50세	0.00534	93,830	93,580	27.79
51세	0.00578	93,329	93,059	26.94
52세	0.00625	92,789	92,499	26.09
53세	0.00677	92,209	91,897	25.25
54세	0.00731	91,585	91,250	24.42
55세	0.00786	90,916	90,558	23.6
56세	0.00837	90,201	89,823	22.78
57세	0.00891	89,446	89,047	21.97
58세	0.00949	88,649	88,228	21.16
59세	0.01023	87,808	87,358	20.36
60세	0.01124	86,909	86,421	19.56
61세	0.01251	85,932	85,395	18.78
62세	0.01396	84,857	84,265	18.01
63세	0.01547	83,673	83,026	17.26
64세	0.01696	82,378	81,680	16.52
65세	0.01851	80,981	80,232	15.8
66세	0.02021	79,482	78,680	15.09
67세	0.02229	77,877	77,008	14.39
68세	0.02477	76,140	75,197	13.7
69세	0.02749	74,254	73,233	13.04
70세	0.03035	72,213	71,117	12.39
71세	0.03328	70,021	68,856	11.77
72세	0.03638	67,690	66,459	11.16
73세	0.04004	65,228	63,922	10.56
74세	0.04443	62,616	61,225	9.98
75세	0.04954	59,834	58,352	9.42
76세	0.05517	56,870	55,301	8.88

77세	0.06158	53,732	52,077	8.37
78세	0.06833	50,423	48,700	7.89
79세	0.07534	46,977	45,208	7.43
80세	0.08294	43,438	41,637	7
81세	0.09124	39,835	38,018	6.58
82세	0.10008	36,201	34,389	6.19
83세	0.1095	32,578	30,794	5.83
84세	0.11952	29,011	27,277	5.48
85세	0.13017	25,543	23,881	5.16
86세	0.14137	22,219	20,648	4.85
87세	0.1531	19,078	17,617	4.57
88세	0.16533	16,157	14,821	4.31
89세	0.17804	13,486	12,285	4.06
90세	0.19119	11,085	10,025	3.83
91세	0.20472	8,965	8,048	3.62
92세	0.2186	7,130	6,351	3.42
93세	0.23275	5,571	4,923	3.24
94세	0.24713	4,275	3,746	3.07
95세	0.26165	3,218	2,797	2.92
96세	0.27624	2,376	2,048	2.78
97세	0.29082	1,720	1,470	2.65
100세이상	1	576	1,335	2.32

2005년도 대한민국 국민생명표 (여자)

각세별	2005년도 대한민국 국민생명표(여자)			
	사망확률	생존자(명)	정지인구(명)	기대여명(년)
0세	0.00457	100,000	99,614	81.89
1세	0.00044	99,543	99,521	81.26
2세	0.00033	99,499	99,483	80.3
3세	0.00025	99,467	99,455	79.33
4세	0.0002	99,442	99,432	78.35
5세	0.00018	99,422	99,413	77.36
6세	0.00017	99,404	99,396	76.38
7세	0.00015	99,387	99,380	75.39
8세	0.00013	99,372	99,366	74.4
9세	0.00012	99,359	99,353	73.41
10세	0.00012	99,347	99,341	72.42
11세	0.00012	99,335	99,329	71.43
12세	0.00012	99,323	99,317	70.43
13세	0.00013	99,311	99,305	69.44
14세	0.00014	99,298	99,291	68.45
15세	0.00017	99,284	99,276	67.46
16세	0.0002	99,268	99,258	66.47
17세	0.00023	99,248	99,237	65.49
18세	0.00025	99,225	99,213	64.5
19세	0.00028	99,200	99,187	63.52
20세	0.00032	99,173	99,157	62.53
21세	0.00036	99,141	99,123	61.55
22세	0.00039	99,106	99,086	60.58
23세	0.00041	99,067	99,046	59.6
24세	0.00042	99,026	99,005	58.62
25세	0.00043	98,984	98,963	57.65
26세	0.00043	98,942	98,921	56.67
27세	0.00043	98,900	98,878	55.7
28세	0.00044	98,857	98,835	54.72
29세	0.00046	98,813	98,790	53.74
30세	0.0005	98,768	98,743	52.77
31세	0.00053	98,718	98,692	51.8
32세	0.00055	98,666	98,639	50.82
33세	0.00056	98,612	98,584	49.85
34세	0.00058	98,557	98,528	48.88
35세	0.00062	98,499	98,469	47.91
36세	0.00068	98,438	98,405	46.94

37세	0.00074	98,372	98,335	45.97
38세	0.0008	98,299	98,259	45
39세	0.00085	98,220	98,178	44.04
40세	0.00089	98,136	98,093	43.07
41세	0.00094	98,049	98,003	42.11
42세	0.00101	97,957	97,908	41.15
43세	0.0011	97,858	97,805	40.19
44세	0.00119	97,751	97,693	39.24
45세	0.0013	97,635	97,572	38.28
46세	0.00141	97,508	97,440	37.33
47세	0.00154	97,371	97,296	36.38
48세	0.00166	97,221	97,140	35.44
49세	0.00176	97,060	96,974	34.5
50세	0.00187	96,889	96,799	33.56
51세	0.00201	96,708	96,611	32.62
52세	0.00217	96,514	96,409	31.68
53세	0.00235	96,304	96,191	30.75
54세	0.00253	96,077	95,956	29.82
55세	0.00272	95,834	95,704	28.9
56세	0.00292	95,574	95,434	27.97
57세	0.00315	95,295	95,144	27.05
58세	0.00344	94,994	94,831	26.14
59세	0.00379	94,668	94,488	25.23
60세	0.00421	94,309	94,111	24.32
61세	0.0047	93,912	93,691	23.42
62세	0.00523	93,471	93,226	22.53
63세	0.0058	92,981	92,712	21.65
64세	0.00641	92,442	92,146	20.77
65세	0.00709	91,850	91,524	19.9
66세	0.00792	91,199	90,838	19.04
67세	0.0089	90,477	90,074	18.19
68세	0.01008	89,671	89,220	17.34
69세	0.0115	88,768	88,257	16.52
70세	0.01325	87,746	87,165	15.7
71세	0.01521	86,584	85,925	14.91
72세	0.01739	85,266	84,525	14.13
73세	0.01988	83,783	82,951	13.37
74세	0.02278	82,118	81,183	12.63
75세	0.02614	80,247	79,199	11.91
76세	0.03008	78,150	76,975	11.22

77세	0.03472	75,799	74,483	10.55
78세	0.03979	73,167	71,711	9.91
79세	0.04542	70,256	68,660	9.3
80세	0.05194	67,064	65,323	8.72
81세	0.05924	63,581	61,698	8.17
82세	0.06713	59,814	57,807	7.66
83세	0.07518	55,799	53,702	7.17
84세	0.08359	51,604	49,447	6.71
85세	0.09346	47,291	45,081	6.28
86세	0.10402	42,871	40,641	5.88
87세	0.11527	38,411	36,198	5.5
88세	0.12716	33,984	31,823	5.15
89세	0.13966	29,662	27,591	4.83
90세	0.15271	25,520	23,571	4.53
91세	0.16623	21,622	19,825	4.26
92세	0.18015	18,028	16,404	4.01
93세	0.19436	14,780	13,344	3.78
94세	0.20877	11,908	10,665	3.58
95세	0.22324	9,422	8,370	3.39
96세	0.23766	7,318	6,449	3.22
97세	0.25188	5,579	4,876	3.06
100세이상	1	2,209	5,966	2.7

저서 목록

[1] N.L. Bowers Jr., H.U. Gerber, J.C. Hickman, D.A. Jones and C.J. Nesbitt, Accuarial Mathematics, The Society of Actuaries, Itasca, Illinois, 1986.

[2] S.A. Broverman, Study Manual - SOA Course 1 Examination and CAS Exam 1, ACTEX Publications, Inc., 2001.

[3] SOA/CAS Exam MLC/3, http://www.soa.org/Exam & Jobs/Spring 2007 Basic Education Catalog, 2007.

[4] 김재희, 보험수학을 위한 확률론, 교우사, 2008.

[5] 김재희, 금융수학을 위한 확률해석학, 부산대학교 출판부, 2014.

[6] 윤용식, 확률론, 제주대학교 출판부, 2005.

[7] 윤용식, 확률과 확률변수, 제주대학교 출판부, 2014.

찾아보기

보험수학

2016년 1월 11일 1판 1쇄 발행
2023년 4월 20일 1판 2쇄 발행

저 자 김재희·윤용식
발행자 오판근
발행처 교우사

주 소 서울특별시 동대문구 약령시로 8 교우빌딩 2층
전 화 925-2861~2, 편집부 / 925-2825, 홈쇼핑 / 969-5762
팩 스 925-2860

E-mail kyowoo@kyowoo.co.kr
홈페이지 http://www.kyowoo.co.kr
북스토어(쇼핑몰) http://www.kyowoo.co.kr

등 록 1994. 3. 24 제6-0256호

ISBN 979-11-251-0148-2
값 18,000원